宏观经济学课程思政案例集

张　媛◎著

線裝書局

图书在版编目（ＣＩＰ）数据

宏观经济学课程思政案例集 / 张媛著. -- 北京 ：
线装书局, 2023.8
　ISBN 978-7-5120-5618-3

　Ⅰ．①宏… Ⅱ．①张… Ⅲ．①思想政治教育－教案(
教育)－高等学校 Ⅳ．①G641

　中国国家版本馆CIP数据核字(2023)第153864号

宏观经济学课程思政案例集
HONGGUAN JINGJIXUE KECHENG SIZHENG ANLIJI

作　　者：张　媛
责任编辑：白　晨
出版发行：线装書局
　　　　　地　址：北京市丰台区方庄日月天地大厦 B 座 17 层（100078）
　　　　　电　话：010-58077126（发行部）010-58076938（总编室）
　　　　　网　址：www.zgxzsj.com
经　　销：新华书店
印　　制：三河市腾飞印务有限公司
开　　本：787mm×1092mm　　　　1/16
印　　张：8
字　　数：189 千字
印　　次：2024 年 7 月第 1 版第 1 次印刷

线装书局官方微信

定　　价：68.00 元

前　言

习近平总书记在庆祝中国共产党成立 100 周年大会上的讲话中指出："新时代的中国青年要以实现中华民族伟大复兴为己任，增强做中国人的志气、骨气、底气，不负时代，不负韶华，不负党和人民的殷切期望！"这一重要论述不仅对新时代中国青年提出了殷切希望，也为高校推进课程思政建设、更好完成立德树人根本任务指明了方向。

课程思政是指通过课程建设和课堂教学对受教育者进行思想政治教育的过程，课程思政建设是落实立德树人根本任务的战略举措。本书以马克思主义理论研究和建设工程重点教材《西方经济学（下册）》为蓝本，依据各章教学内容编写案例，从各章知识点出发，结合精选案例，挖掘和提炼宏观经济学理论所蕴含的思想内涵和时代解释力，借助教材形式，利用课堂时间，加强对学生的世界观、人生观和价值观的教育，传承和创新中华优秀传统文化，积极引导当代学生树立正确的国家观、民族观、历史观、文化观……通过对案例思政元素的梳理，把政治认同、国家意识、文化自信、人格养成等思想政治教育导向与课程固有的知识、技能传授有机融合，实现显性与隐性教育的有机结合，促进学生的自由全面发展，充分发挥教育教书育人的作用。

本书包含导论、GDP 的含义、核算及评价、国民收入决定理论等九章内容。每章都结合知识点，筛选了相关的案例材料，所选案例均与国内外宏观经济问题和政策相关，案例之后，设计了蕴含课程思政元素的思考题，教学中可根据理论讲授进程，选择性使用有针对性的案例，方便教师安排教学内容。

本书是宏观经济学课程思政建设的阶段性成果，存在很多不足，还请各界同仁批评指正，我们定将积极听取各方意见，不断提升和改善，为推进宏观经济学课程思政建设的进程尽一份绵薄之力。

目 录

导　论

宏观经济学是研究宏观经济规律的科学，是现代经济学中极为重要的组成部分。我们经常能从各种媒体上听到或者看到许多关于宏观经济形势的描述，如某国、地区或城市的 GDP、税收的增减、居民储蓄的变化、银行利率的升降、各国股市的涨跌、失业率的高低等，宏观经济从来没有像今天这样与我们的生产和生活联系得如此紧密，对我们的影响如此深远。

材料 1　你需要了解的宏观经济数据

《中华人民共和国 2021 年国民经济和社会发展统计公报》内容：初步核算，全年国内生产总值 1143670 亿元，比上年增长 8.1%，两年平均增长 5.1%。其中，第一产业增加值 83086 亿元，比上年增长 7.1%；第二产业增加值 450904 亿元，增长 8.2%；第三产业增加值 609680 亿元，增长 8.2%。第一产业增加值占国内生产总值比重为 7.3%，第二产业增加值比重为 39.4%，第三产业增加值比重为 53.3%。全年最终消费支出拉动国内生产总值增长 5.3 个百分点，资本形成总额拉动国内生产总值增长 1.1 个百分点，货物和服务净出口拉动国内生产总值增长 1.7 个百分点。全年人均国内生产总值 80976 元，比上年增长 8.0%。国民总收入 1133518 亿元，比上年增长 7.9%。全员劳动生产率为 146380 元/人，比上年提高 8.7%。

年末全国人口 141260 万人，比上年末增加 48 万人，其中城镇常住人口 91425 万人。全年出生人口 1062 万人，出生率为 7.52‰；死亡人口 1014 万人，死亡率为 7.18‰；自然增长率为 0.34‰。全国人户分离的人口 5.04 亿人，其中流动人口 3.85 亿人。

年末全国就业人员 74652 万人，其中城镇就业人员 46773 万人，占全国就业人员比重为 62.7%，比上年末上升 1.1 个百分点。全年城镇新增就业 1269 万人，比上年多增83万人。全年全国城镇调查失业率平均值为5.1%。年末全国城镇调查失业率为5.1%，城镇登记失业率为3.96%。全国农民工总量29251万人，比上年增长2.4%。其中，外出农民工17172万人，增长1.3%；本地农民工12079万人，增长4.1%。

全年居民消费价格比上年上涨0.9%。工业生产者出厂价格上涨8.1%。工业生产者购进价格上涨11.0%。农产品生产者价格下降2.2%。12月份，70个大中城市中，新建商品住宅销售价格同比上涨的城市个数为53个，下降的为17个；二手住宅销售价格同比上涨的城市个数为43个，持平的为1个，下降的为26个。

年末国家外汇储备32502亿美元，比上年末增加336亿美元。全年人民币平均汇率为1美元兑6.4515元人民币，比上年升值6.9%。

新产业新业态新模式加速成长。全年规模以上工业中，高技术制造业增加值比上年增长18.2%，占规模以上工业增加值的比重为15.1%；装备制造业增加值增长12.9%，占规模以上工业增加值的比重为32.4%。全年规模以上服务业中，战略性新兴服务业[17]企业营业收入比上年增长16.0%。全年高技术产业投资比上年增长17.1%。全年新能源汽车产量367.7万辆，比上年增长152.5%；集成电路产量3594.3亿块，增长37.5%。全年网上零售额130884亿元，按可比口径计算，比上年增长14.1%。全年新登记市场主体2887万户，日均新登记企业2.5万户，年末市场主体总数达1.5亿户。

城乡区域协调发展扎实推进。年末全国常住人口城镇化率为64.72%，比上年末提高0.83个百分点。分区域看，全年东部地区生产总值592202亿元，比上年增长8.1%；中部地区生产总值250132亿元，增长8.7%；西部地区生产总值239710亿元，增长7.4%；东北地区生产总值55699亿元，增长6.1%。全年京津冀地区生产总值96356亿元，比上年增长7.3%；长江经济带地区生产总值530228亿元，增长8.7%；长江三角洲地区生产总值276054亿元，增长8.4%。粤港澳大湾区建设、黄河流域生态保护和高质量发展等区域重大战略深入实施。

生态环境保护取得新成效。全年全国万元国内生产总值能耗比上年下降2.7%。在监测的339个地级及以上城市中，全年空气质量达标的城市占64.3%，未达标的城市占35.7%；细颗粒物（PM2.5）年平均浓度30微克/立方米，比上年下降9.1%。3641个国家地表水考核断面中，全年水质优良（Ⅰ～Ⅲ类）断面比例为84.9%，Ⅳ类断面比例为11.8%，Ⅴ类断面比例为2.2%，劣Ⅴ类断面比例为1.2%。

材料2　世界经济发展趋势

国际货币基金组织（IMF）2022年10月11日发布最新一期《世界经济展望报

告》，预计 2022 年全球经济将增长 3.2%，与 7 月预测值持平；2023 年全球经济增速将进一步放缓至 2.7%，较 7 月预测值下调 0.2 个百分点。

报告指出，当前全球经济面临诸多挑战：通货膨胀率达到几十年来最高水平、大多数地区金融环境收紧、乌克兰危机以及新冠疫情持续，严重影响全球经济增长前景。

具体来看，发达经济体今年预计将增长 2.4%，较此前预测值下调 0.1 个百分点；明年将增长 1.1%，较此前预测值下调 0.3 个百分点。新兴市场和发展中经济体今年预计将增长 3.7%，较此前预测值上调 0.1 个百分点；明年将增长 3.7%，较此前预测值下调 0.2 个百分点。

报告还指出，全球经济前景面临巨大下行风险，在应对通胀问题上货币政策可能出现失误，更多能源和食品价格冲击可能导致通胀持续更长时间，全球融资环境收紧可能引发广泛的新兴市场债务困境。

材料 3　中国对世界经济的贡献

根据世界银行的世界发展指标（WDI）数据库测算，2013 年至 2021 年，中国对世界经济增长的平均贡献率达到 38.6%，超过七国集团（G7）国家贡献率的总和。这表明，中国是推动世界经济增长的第一动力。

除中国以外，在报告列出的其他世界主要国家中，美国、印度在经济增长中扛起大头，年均贡献率分别为 18.6% 和 5.8%；英国、韩国和德国紧随其后，各自的贡献率为 2.1%、2.0% 和 1.8%。第三梯队是加拿大、法国和日本，其贡献率分别是 1.2%、1.1% 和 0.9%。意大利则在当中垫底，年均贡献率约为 0.0%。

报告强调，中国经济总量与美国的差距明显缩小，且远远高于日本等世界主要经济体。2021 年我国 GDP 相当于美国的 77.1%，比 2012 年提高 24.6 个百分点，是日本的 3.6 倍、印度的 5.6 倍。与此同时，我国人均国民总收入实现新飞跃。报告称，去年我国人均国民总收入（GNI）达 11890 美元，较 2012 年增长 1 倍。在世界银行公布的人均 GNI 排名中，我国人均 GNI 由 2012 年的第 112 位上升到 2021 年的第 68 位，提升了 44 位。

报告还指出，我国制造大国地位日益巩固，贸易大国地位不断提升，经济实力显著增强。主要体现在：1、我国主要工农业产品产量稳居世界前列。2012 年以来，谷物、肉类、花生和茶叶产量稳居世界第 1 位，油菜籽产量稳居第 2 位。粗钢、煤、发电量、水泥、化肥、汽车、微型计算机和手机等工业产品产量稳居世界第 1 位；2021 年，我国原油产量居世界第 5 位，仅次于美国、俄罗斯、沙特阿拉伯和加拿大。2、我国对外贸易总额跃居世界第一。2020 年我国对外贸易总额由

2012年的4.4万亿美元升至5.3万亿美元，首超美国成为全球第一大贸易国。2021年，我国对外贸易总额增至6.9万亿美元，继续保持世界第一。3、党的十八大以来，我国大力实施创新驱动发展战略，创新型国家建设取得明显成效，创新能力大大增强，国际竞争力显著增强。2021年，我国创新指数居全球第12位，比2012年上升22位，在中等收入国家中排名首位。2012年以来，世界500强上榜的中国企业数量持续增长，并在2018年首次超越美国，连续4年居世界首位。2021年，我国上榜企业数量再创新高，达145家，比2012年增加50家，实现了上榜企业数量连续19年增长。

材料4　展望未来

"十四五"规划和2035年远景目标纲要作为指导今后5年及15年中国国民经济和社会发展的纲领性文件，明确了"十四五"时期经济社会发展的指导思想、主要目标、重点任务、重大举措。贯穿规划纲要的逻辑主线是"三个新"：新发展阶段、新发展理念、新发展格局。新发展阶段是开启全面建设社会主义现代化国家新征程，新发展理念是贯彻创新、协调、绿色、开放、共享的新发展理念，新发展格局是构建以国内大循环为主体、国内国际双循环相互促进的新发展格局。

新发展阶段回答的是"我们在哪里，朝哪里奋斗"的问题。改革开放40多年来，从"六五"计划到"十三五"规划，我们都是围绕着实现小康这一目标而奋斗的。党的十九大对实现第二个百年奋斗目标作出战略安排，提出到2035年基本实现社会主义现代化，到本世纪中叶把我国建成富强民主文明和谐美丽的社会主义现代化强国。"十四五"规划是全面建设社会主义现代化国家、向第二个百年奋斗目标进军的第一个五年规划，这是"十四五"规划的历史使命和基本定位。新发展阶段是从全面建设小康社会转向全面建设社会主义现代化国家的历史大跨越。在新的发展阶段，我国发展环境面临深刻复杂变化。从外部环境看，当今世界正经历百年未有之大变局，国际环境日趋复杂，不稳定性不确定性明显增加。从内部环境看，中国经济要想实现高质量发展，也需要继续应对不少的风险和挑战。

新发展理念回答的是"按照什么样的理论来引领新阶段发展"的问题。我们要实现新的发展目标，必须坚定不移贯彻创新、协调、绿色、开放、共享的新发展理念。新发展理念是一个系统的理论体系，回答了关于发展的目的、动力、方式、路径等一系列理论和实践问题，阐明了我们党关于发展的政治立场、价值导向、发展模式、发展道路等重大政治问题，推动经济发展必须坚持新发展理念。规划纲要的指导思想、原则、远景目标和"十四五"目标都体现了新发展理念的精神。规划纲要指导思想中提出，坚定不移贯彻创新、协调、绿色、开放、共享的新发展理念。规划纲要提出五大原则，其中之一就是坚持新发展理念，要把新发展理念贯穿发展全过程和各领域。规划纲要提出的其他四大原则和2035年远景目标中也都体现了新发展理念。

新发展格局回答的是"我们怎么样实现新阶段新目标"的路径问题。构建以国内大循环为主体、国内国际双循环相互促进的新发展格局，是以习近平同志为核心的党中央治国理政思想的又一次升华，是事关全局的系统性、深层次的变革，对实现更高质量、更有效率、更加公平、更可持续、更为安全的发展，具有提纲挈领、纲举目张的作用。规划纲要专设战略导向一节阐述了构建新发展格局，并在全篇贯穿了这一战略导向。理解新发展格局，需要把握三个要点：第一，构建新发展格局是把握发展主动权的先手棋，不是一个被迫之举和权宜之计。第二，加快形成全国统一大市场的国内大循环，不是搞地区小循环、内循环。第三，构建新发展格局，就是把供给侧结构性改革、扩大内需、创新驱动、科技自立自强等战略部署统一到构建新发展格局的框架中。理解新发展格局，还需要把握两个关键词：一个是"格局"，这是宏观的结构概念，是坚持系统观念的体现，所以新发展格局的内涵不仅仅是"双循环"；另一个是"循环"，要进一步畅通国内的生产、分配、需求之间的循环，并使国内国际双循环更好地相互促进。

材料5　市场与政府

处理好政府和市场关系，是经济体制改革的核心问题和战略制高点。在现代市场经济中，政府是经济管理和调控主体、涉及发展全局的重大利益协调主体，市场是把政府同各类微观经济运营主体连接起来的桥梁、配置各类资源的基础环节。政府和市场的关系决定着市场经济体制的基本走向和运行质量。政府行为和市场行为各有优点、各有缺点，发展社会主义市场经济，关键是寻求政府行为和市场功能的最佳结合点，使政府行为在调解经济、弥补市场功能失灵的同时，避免和克服自身的缺位、越位、错位。当前，我国经济体制既存在政府干预过度的问题，也存在"市场失灵"的问题，必须通过深化改革，进一步完善社会主义市场经济体制来加以解决。从这个角度说，我国经济体制改革的过程就是不断地调整政府与市场的关系的过程，竞争性领域要更多发挥市场配置资源的基础性作用，基础性和公共性领域要更好地发挥政府的作用，关键是政府应该把自己该管的领域管好，把应该由市场发挥作用的领域真正交给市场；是建立和完善社会主义市场经济体制，发挥市场在资源配置中的基础性作用，推动建立现代产权制度和现代企业制度，同时又注重加强和完善国家对经济的宏观调控，克服市场自身存在的某些缺陷，促进国民经济充满活力、富有效率、健康运行。

　　首先，更加尊重市场规律。目前，我国的市场经济体制已经初步建立，一般商品劳务的价格95%以上已由市场决定，但是一些关键的要素价格还不是由市场供求决定。核心资源、要素（如资本）、行业（如电信）等领域的市场化改革与进展仍比较有限。从市场的角度来说，政府不合理的限制性规章制度和审批程序过多过细，过度运用行政性手段干预市场主体特别是微观经济主体，在一定程度上抑制了市场机制的正常运作。如果这种状况不加以改变，很可能导致企业努力的方向不是去争夺市场，而是去争取政府手中掌控的资源。这样，一方面会加大寻租空间，另一方面也会弱化企业自身的创新意识和动力。

　　其次，更好发挥政府作用。在市场经济中，政府职能应该主要定位在经济调节、市场监管、社会管理和公共服务等方面。更好地发挥政府作用，就应该让政府把自己该做的事情做好，真正解决在某些领域存在的政府错位、越位和缺位现象。现在，一方面政府对公共产品生产分配的管理调解作用还不够强，医疗、教育等社会事业发展过度市场化造成利益扭曲，公共服务总量不足、结构失衡；另一方面，不少企业为获取高额市场利润，对自然资源进行掠夺性开采，大量排放污染物，给生态环境、可持续发展和人民群众健康造成严重影响，亟待政府更好地发挥作用。

　　当前，更好地发挥政府作用，一方面需要弱化政府在微观方面的一些管理职能，从不该管的领域中退出来，让市场真正发挥配置资源的基础性作用，从而有效提升市场效率，努力打造服务型政府，在坚持市场化改革过程中完成政府职能的转变；另一方面需要强化政府在社会管理和服务方面的职能，通过强化政府这方面职能，弥补市场本身具有的不足和缺陷，为市场经济健康发展创造良好环境。比如，片面追求经济效率的市场容易引发社会的不协调，以价格变化引导资源配置和再配置容易造成经济波动，以追求个人利益为动力容易导致两极分化，等等。因此，需要由政府这只看得见的手通过制定经济政策加以弥补。同时，还需要提高政府在宏观管理上的效率，发挥政府对市场的引导和规范作用，建立健全市场规则和维护市场竞争秩序，坚持取缔和打击坑蒙拐骗、假冒伪劣、以次充好、以假乱真的不法行为，倡导公平竞争、诚实守信、遵纪守法、互利共赢的良好市场行为。

　　再次，注意加强二者的有机协调和配合，既防止出现否定市场化改革方向的倾向，又防止只讲市场化、忽视政府作用的倾向。市场经济发展有自己的规律性，市场规律发挥作用需要有一定的条件和环境。政府要为市场发挥作用创造必要的条件和环境，同时还要为市场经济发展提供充足的公共服务和社会保障。在经济社会转型期，政府还需要为经济社会持续健康发展提供有效的引导和推动。当然，市场经济中的政府不是万能的，不合理的限制性规章制度和审批程序过多过繁，不仅不会弥补市场失灵，而且会抑制市场规律和市场机制作用的正常发挥。因此，政府必须有意识地自觉对自身的经济行为加以明确限定，加快转变职能，为市场经济持续健康发展提供良好政策环境。

材料6 宏观经济学前沿

从1970年代初到1990年代初的大约20年中，西方宏观经济学发生了巨大变化。凯恩斯主义独领风骚的历史已经结束，代替它的是新古典宏观经济学和新凯恩斯主义经济学论战的新局面。

一、新古典宏观经济学：货币经济周期学派

新古典宏观经济学是在1970年代初发展起来的，曾被称为理性预期学派。其主要代表有：芝加哥大学的罗伯特·卢卡斯、斯坦福大学的托马斯·萨金特、哈佛大学的罗伯特·巴罗、明尼苏达大学的爱德华·普雷斯科特和尼尔·华莱士，以及卡内基—梅隆大学的罗伯特·汤森。由于在经济周期理论方面的分歧，新古典宏观经济学家又分为两派：一派是以卢卡斯为首的货币经济周期学派，另一派是以普雷斯科特为首的实际经济周期学派。新古典宏观经济学有三个关键性假设：经济当事人的最大化原则、理性预期和市场连续出清。

1970年代初，凯恩斯主义既受到经验上的批判，又受到理论上的批判。1970年代出现的滞胀从经验上批判了占统治地位的凯恩斯主义。新古典宏观经济学从理论到政策全面地批判凯恩斯主义。当凯恩斯主义在实践上和理论上都陷入困境时，新古典宏观经济学不仅获得了发展的机会，而且试图从批判中找到理论和实践的新出路。

新古典宏观经济学的经济周期模型要回答的两个基本问题是：经济波动的初始根源是什么；其传动机制又是什么。卢卡斯的不完全信息模型，试图根据微观经济学的厂商供给理论来解释经济波动。他较早研究了产量和没有预期到的价格变动之间的正相关关系，这种关系被称为卢卡斯供给函数或卢卡斯供给曲线。由于预期的作用，增加货币供给对产量的作用等于零，这就是货币经济周期模型的政策含义。不难看出，新古典经济周期模型实际上就是加上卢卡斯供给曲线的"古典"宏观经济模型。

卢卡斯的不完全信息模型的政策含义，主要是政策无效性命题。其中心内容是：预期到的货币供给的变化只影响价格水平，而不影响产量；只有没有预期到的货币供给的变化才影响产量。新古典宏观经济学十分强调公众对未来政策的预期。政策制定者可以选择不同性质的政策规则：刚性政策规则或反馈政策规则。

刚性政策规则是无反馈政策规则，它要求始终一贯地实行一种不变的政策规则。反馈政策规则是根据经济状况按正常方式调整货币供给增长率，以适应宏观经济事件的政策规则。新古典经济学认为，货币供给的反馈规则是无效的。新古典宏观经济学的政策观点还包含这样一层意思：他们赞成刚性政策规则，因为这样可以捆住政府的手脚，约束政府的任意政策行为，使政府不得不保持政策的一贯性，提高可信度。

新古典宏观经济学是现代西方经济学中一种值得重视的学说，其影响不可低估。同凯恩斯主义相比较，新古典宏观经济学的优势在于，它保持了微观经济学和宏观经济学的一致性和相容性，并为分析宏观经济问题提供了新的理论依据。新古典宏观经济学的积极意义，是它对凯恩斯主义的系统批判。虽然这种批判只是从西方经济学营垒内部按照西方经济学基本原理展开的，然而它已经在相当大的程度上动摇了凯恩斯主义。

新古典宏观经济学的理性预期概念，对在经济研究中确定预期的重要地位起了不小的作用，并在西方经济学中已被广泛采用。但是，新古典宏观经济学的影响主要在学术方面，而不是在政策方面。新古典宏观经济学就其中心内容而言，不过是凯恩斯以前的"古典"宏观经济理论在新的历史条件下的再现。新古典宏观经济学在经济周期问题上的根本缺陷在于，把周期的根源归结为预期失，否认生产无限扩大和劳动群众购买力相对缩小的矛盾是资本主义经济危机的直接原因，否认资本主义基本矛盾是经济危机的根本原因。当然，关于预期到的政策变化和没有预期到的政策变化的区别，对研究政策变化的影响不是没有积极意义的。然而，多数统计检验表明，货币经济周期理论不能解释实际情况，无法说明现实的经济周期。同时，货币经济周期理论关于经济周期传动机制的说明，也是经不住批评的。

由于理论的根本缺陷和实践上缺乏经验支持，从1980年代后期起，货币经济周期学派便逐渐失去支持者。

二、新古典宏观经济学：实际经济周期学派

实际经济周期学派又被称为新古典宏观经济学的第二代。代表人物是美国明尼苏达大学的爱德华·普雷斯科特、卡内基—梅隆大学的芬恩·基德兰德、罗彻斯特大学的查尔斯·普洛塞和哈佛大学的罗伯特·巴罗。

实际经济周期理论和货币经济周期理论，是按新古典宏观经济学家对经济波动的初始根源的不同看法来区分的。同以卢卡斯模型为代表的货币经济周期理论形成鲜明的对照，以基德兰德—普雷斯科特模型为代表的实际经济周期理论认为，货币对产量没有重要影响，引起经济波动的不是货币因素，而是实际因素。货币

存量变动不是产量变动的原因，而是产量变动的结果。在否定货币因素是经济周期的原因之后，实际经济周期学派必须在理论上回答两个问题：一是实际因素是怎样冲击或干扰经济，从而引起产量波动的；二是实际冲击波及整个经济的传动机制是什么。

这个学派认为，引起经济波动的实际冲击包括很多因素，其中最重要的是生产率的变化，实际冲击属于供给冲击。同货币经济周期理论一样，实际经济周期理论也假定市场连续出清。按照这一假设，市场总是处于均衡状态。在这一学派关于传动机制的各种说法中，"跨时期闲暇替代"说是影响较大的一种。

实际经济周期理论和货币经济周期理论都承认经济周期的存在。同货币经济周期模型相比，实际经济周期理论在这个问题上前进了一步。同货币经济周期理论一样，实际经济周期理论也完全排除了凯恩斯主义经济学中的非自愿失业概念。在他们的模型中，失业都是自愿的，根本不存在非自愿失业范畴。因而，把工人失业的原因推到工人身上，说是由于工人为了在一个时期多挣工资而自愿在另一个时期多享受闲暇的结果。实际经济周期学派设计的跨时期闲暇替代这一传动机制是一种理论上的虚构，根本经不住实践的检验。

实际经济周期理论强调供给，这确实使它区别于强调需求冲击的经济周期模型。但是，只着眼于供给的经济周期模型同只着眼于需求的经济周期模型一样，都失之偏颇。单独用供给或单独用需求，都说明不了经济周期。从表面上看，危机似乎是流通领域中供给大于需求的结果。但这只是现象，这不是仅仅只对流通领域的片面研究所能回答得了的。必须进而研究生产领域，从揭示资本主义的基本矛盾入手，才能得出科学的结论。实际经济周期理论问世不久，就引起了不少西方经济学家的怀疑。

三、新凯恩斯主义

在凯恩斯主义陷入无法摆脱的困境时，一个新的主张政府干预的学派在1980年代出现了，这就是新凯恩斯主义经济学。新凯恩斯学派的主要成员有：哈佛大学的格雷戈里·曼丘和拉里·萨默斯、麻省理工学院的奥利维尔·布兰查德和朱利奥·罗泰姆伯格、哥伦比亚大学的艾德蒙·费尔普斯、伯克利加州大学的乔治·阿克洛夫和珍妮特·耶伦、斯坦福大学的约瑟夫·斯蒂格利茨、威斯康星大学的马克·格特勒，以及普林斯顿大学的本·伯南克。格雷戈里·曼丘和戴维·罗默编的《新凯恩斯主义经济学》两卷集，是有代表性的新凯恩斯主义论文集。

非市场出清假设是新凯恩斯主义的最重要的假设。经济当事人的最大化原则和理性预期两个假设，使新凯恩斯主义突破了原凯恩斯主义的框子。这两个假设是新凯恩斯主义和新古典宏观经济学所共有的。这表明，新凯恩斯主义想解决原凯恩斯主义经济学和传统的微观经济学的矛盾，试图在微观经济学基础上重建宏观经济学。

新凯恩斯主义模型的关键在于，工资和价格黏性或工资和价格缓慢调整的假设。工资和价格缓慢调整使市场不能连续出清。因此，工资和价格黏性的理论基础，是新凯恩斯主义者必须集中力量解决的重大问题。新凯恩斯主义试图在利润最大化和理性预期的基础上，对此提出微观经济学的解释。新凯恩斯主义经济学家对名义黏性和实际黏性提出了各种各样的解释。比如：解释名义黏性的理论有"菜单成本论"、"长期劳动合同论"等，解释实际黏性的有"隐含合同论"、"效率工资论"等。

新凯恩斯模型被称为非市场出清模型。这一模型的结论是：总需求的减少在短期内会降低实际产量和价格水平，但在长期内只会降低价格水平。新凯恩斯主义模型中的这一结论同原凯恩斯主义模型中的下一结论是完全一致的：总需求的增加在短期内会提高实际产量和价格水平，但在长期内只会提高价格水平。

西方经济学家对经济周期的不同解释，表明了他们各自对包括财政政策和货币政策在内的稳定政策的不同观点。新凯恩斯主义论证工资和价格黏性，承认协调失灵，承认没有一只看不见的手可以使厂商的行为符合社会利益，就是要为政府干预提供微观基础。

新凯恩斯主义在理论上的尝试，是把传统的微观经济学和凯恩斯主义的宏观经济学结合起来，为宏观经济学提供微观基础。原凯恩斯经济学缺少微观基础，因而受到新古典宏观经济学的尖锐批判。新凯恩斯主义汲取了原凯恩斯主义在理论上遭到惨败的教训，接受了新古典宏观经济学的挑战，抛弃了原凯恩斯主义在最大化行为和预期问题上的旧观点，避开了新古典宏观经济学的批评。在经济当事人追求最大化和理性预期的假设下，新凯恩斯主义用一套比较圆通的说法，坚持了非市场出清这一凯恩斯模型的核心内容。这就为国家干预经济的学说重新争得了一个生存和发展的空间。

新凯恩斯主义就其核心内容来说，本质上是原凯恩斯主义在现代的翻版，就像新古典经济学是"古典"经济学在现代的翻版一样。导致非市场出清的工资和价格黏性，是新凯恩斯主义试图在理论上进行解释的中心问题，而稳定政策的有效性则是新凯恩斯主义试图通过统计检验加以论证的中心问题。

新凯恩斯主义对工资和价格黏性提出了形形色色的理论说明。从西方经济学的角度看，这比没有任何理论说明的原凯恩斯主义的名义工资刚性武断的论断，当然要显得完善一些。但是，西方经济学家发现，新凯恩斯主义者提出的工资和价格黏性的原因太多了，以致使人们莫衷一是，无法了解何者是主要原因，更无从了解工资和价格黏性是否有统一的原因。

　　不过，人们也可以看到，新凯恩斯主义者多少有一种现实感。而这正是新古典宏观经济学家所最缺少的东西。以非市场出清为特点的新凯恩斯主义经济周期模型和以市场出清为特点的新古典宏观经济学经济周期模型是对立的，然而，在经济周期的根源这一根本问题上，二者却有异曲同工之妙。它们都不敢深入到资本主义制度内部去寻找经济危机和经济周期的真正根源，而是企图用现象掩盖事物的本质。

　　新凯恩斯学派的理论正在创立之中，它能否成功地为国家干预经济的学说提供一个被西方经济学界认可的微观经济学基础，现在做结论还为时过早。

　　市场出清还是非市场出清，政府失灵还是市场失灵，政策无效还是政策有效，这是新古典宏观经济学和新凯恩斯主义经济学的理论观点和政策主张分歧的关键所在。新凯恩斯学派和新古典学派之争的实质，在于如何看待资本主义市场经济。

　　新凯恩斯学派和新古典学派的争论看来还会持续下去，争论结果尚难逆料。一般说来，当资本主义经济比较稳定、经济危机和失业不十分严重的时候，自由主义容易抬头；相反，当经济危机和失业严重的时候，政府干预经济的理论和政策主张往往会得到大量的拥护者。

　　新古典学派和新凯恩斯学派各自把工资—价格灵活性和工资—价格黏性当作是宏观经济分析的关键。他们都刻意求新，在提高分析技术上下功夫，建立了许多复杂的数学模型，以致使一般读者望而却步。然而，他们对宏观经济的运行并没有提出多少真正有科学依据的新见解。他们都不了解社会总资本再生产和流通的条件，都不从资本主义经济内部联系中寻找经济危机和周期的根源。

案例思政元素讨论分析

　　1、宏观经济和我们的生活有什么联系？

　　2、中国经济在世界经济舞台上扮演什么角色？

　　3、世界经济的发展对中国有什么影响？

参考文献

　　1、中华人民共和国2021年国民经济和社会发展统计公报［EB/OL］.国家统计局，2022.2.28

　　2、国际货币基金组织下调明年全球经济增长预期至2.7%［EB/OL］.光明网，2022.10.12

　　3、38.6%！中国对全球经济增速贡献超G7［EB/OL］.澎湃新闻，2022.10.23

　　4、经济学家解读"十四五"规划和2035年远景目标纲要［EB/OL］.经济日报，2021.3.14

5、正确处理政府和市场的关系［EB/OL］.共产党员网，2012.12.7

6、吴易风.评西方经济学新古典学派和新凯恩斯学派的论战［EB/OL］.中国社会科学网，2019.1.1

第一章 GDP的含义、核算及评价

2022年2月28日，国家统计局发布了《中华人民共和国2021年国民经济和社会发展统计公报》，公报的第一部分提到初步核算，2021年国内生产总值为1143670亿元，比2020年增长8.1%。其中，第一产业增加值83086亿元，比上年增长7.1%；第二产业增加值450904亿元，增长8.2%；第三产业增加值609680亿元，增长8.2%。第一产业增加值占国内生产总值比重为7.3%，第二产业增加值比重为39.4%，第三产业增加值比重为53.3%。全年最终消费支出拉动国内生产总值增长5.3个百分点，资本形成总额拉动国内生产总值增长1.1个百分点，货物和服务净出口拉动国内生产总值增长1.7个百分点。全年人均国内生产总值80976元，比上年增长8.0%。这一部分的内容主要是围绕国内生产总值（GDP）展开的，那么国内生产总值（GDP）到底是什么呢？

材料1 为什么说"GDP是20世纪最伟大的发明之一"？

12.5万亿美元、511.5万亿日元、18.2321万亿人民币、2.303万亿欧元……这些相应年度庞大的货币数值，足使关注它的人们感触良多，欣慰、警觉、窃喜、忧虑……那么，这是什么样的神奇数值呢？

20世纪30年代世界经济大萧条，当时美国总统罗斯福和他的顾问们焦虑不安、不知所措，这主要是由于缺乏美国经济全貌的信息。他们只知道铁路货运量骤减，钢产量下降，几百万人失业，却很难对经济大局全面了解，所以制定政策时就无从下手。为了满足当时的需要，美国商务部委托诺贝尔经济学奖得主西蒙·库兹列茨教授开发了一套国民经济账户，目的是反映美国整体的经济发展状况。

库兹列茨教授带领研究人员，综合了全国经济研究所和商业部等的有关工作和相关数据，于 1937 年向美国国会提交了第一套综合的国民收入核算账户，这就是现在国内生产总值（Gross Domestic Product，以下简称 GDP）数据的原型。此后经过修改完善，1953 年联合向全世界发布了国民经济核算体系（SNA），不过当时使用的是 GNP，是国民生产总值。随着全球经济一体化的不断深入，各国经济更多的融合，联合国统计司 1993 年要求各国在国民收入统计中用 GDP 代替 GNP，现在世界各国都采用了这一数据。

美国商务部在 20 世纪末回顾他们历史成就时，不无自豪地将 GDP 的发明与运用称为"世纪杰作"。诺贝尔经济学奖得主、著名经济学家萨缪尔森认为，GDP 是 20 世纪最伟大的发明之一，他将 GDP 比做描述天气的卫星云图，能够提供经济状况的完整图像，能够帮助领导者判断经济是在萎缩还是在膨胀，是需要刺激还是需要控制，是处于严重衰退还是处于通胀威胁之中，如果没有像 GDP 这样的总量指标，政策制定者就会陷入杂乱无章的数字海洋而不知所措。

没有 GDP 的发明，我们就无法比较国家之间的经济实力，无法比较贫穷与富裕，也就无法知道 2010 年中国的 GDP 已经超过日本，成为世界第二大经济体，但只相当于美国的 2/5；没有 GDP，我们也无法知道中国人均 GDP 在 2010 年已经超过 4000 美元，但只相当于日本的 1/10，美国的 1/11。没有 GDP，我们无法了解一个国家的经济增长速度是快还是慢，是需要刺激还是需要控制，尽管 GDP 需要不断完善，但它就像一面镜子、一把尺子，是衡量一国经济发展和生活富裕程度的重要指标。

材料 2 我国 GDP 是如何确定和公布的

我国 GDP 的计算需要经过初步核算过程、初步核实过程和最终核实过程。初步核算过程一般在每年年终和次年年初进行，此时得到的 GDP 数据只是一个初步数据，这个数据有待于获得较充分的资料后进行核实。初步核实过程一般在次年的第二季度进行，初步核实的 GDP 数据更准确些，但仍缺少 GDP 核算所需要的需要重要资料，因此数据尚需要进一步核实。最终核实过程一般在次年的第四季度进行，国家统计局根据当年统计年报资料、部分行业财务资料和抽样调查资料，进行更全面、更细致和更准确的最终核实。

此外，GDP 数据还需要经过一个历史数据调整过程，即当发现或产生新的资料来源、新的分类方法、更准确的核算方法或更合理的核算原则时，要进行历史数据调整，以使每年的 GDP 具有可比性，这是国际惯例。例如，美国在 1929-1999 年间就进行过 11 次历史数据的调整。

可见，每个时段公布的 GDP 都有其特定阶段的含义和特定的价值，不能因为在不同时间公布的数据不同，而怀疑统计数据存在问题。

材料 3 地方 GDP 之和以及增速为何高于全国

有媒体报道称，截至 2011 年末，根据全国各省（区、市）公布的上半年国内生产总值数据，31 个省（区、市）2011 年 GDP 总和约为 52.14 万亿元，而国家统计局发布的 2011 年全国 GDP 为 47.16 亿元。地区数之和超出全国数据约 5 万多亿元。此外，绝大部分省份上半年 GDP 增速都超过了全国 9.2% 的水平。为什么会出现地方 GDP 之和及增速高于全国数的现象呢？

我国国民经济核算采取分级核算，全国 GDP 由国家统计局负责核算，地区 GDP 由各省（区、市）统计局负责核算。地区核算数汇总与国家核算数据存在差额，主要是由几个方面原因造成的：一是技术层面无法消除重复计算，这是由于企业跨地区经营无法确切分劈而导致的；二是无法利用平衡关系矫正数据。按照国民经济核算原理，总供给和总需求应该是一致的。国家核算可以借助 GDP 支出核算来验证和矫正 GDP 生产核算结果，但到地区层面，核算情况就变得非常复杂。货物和服务在地区之间的交流非常频繁，很难准确核算出支出法总量；三是统计制度还有许多不完善的地方，尤其是目前尚未建立统一的服务业统计调查制度，不少地方只能依靠估算服务业产出和增加值，而在实际核算时又难以制定地区与国家统一的估算标准；四是存在一些地方政府对统计数据的干扰，有些地区为了追求政绩，虚报或瞒报数据。

需要说明的是，地区和国家核算结果不相等并不是中国特有的，所有开展地区核算的国家都会遇到类似的问题，有些国家的处理方法是人为修整核算结果。我国 GDP 核算起步较晚，基础尚不完备，执行分级核算制度则难以避免地区和国家之间存在核算差额，只要该差额控制在合理"误差"的范围内，就应该认为核算结果是合理的。为了彻底解决地方 GDP 之和及增速与全国 GDP 差异过大的问题，国家统计局正在积极研讨和改进，逐步减少地区与国家 GDP 数据之间的差距。

为了缩小地区和国家的核算差距，国家统计局采取一系列改革措施：第一，采用抽样调查、超级汇总（由基层单位将统计数据直报国家统计局）等方法提高基础数据质量。目前，国家统计局已经对规模以上工业企业的经济效益指标实行超级汇总。第二，统一规范地区 GDP 的核算方法，建立地区季度 GDP 联审制度，地区 GDP 数据未经过国家统计局审核不得对外公布和使用。第三，国家统计局利用相关数据平衡关系，如农业增加恒与农产品产量间的关系，工业增加值主要产品产量增长间的关系，固定资产投资、社会消费品零售总额与 GDP 的关系等，对地区GDP进行审核、评估和调整。总的来看，地区GDP汇总后的增长速度与全国GDP的增长速度差距正在逐步缩小。

材料4 中国经济增长奇迹：以GDP为例

表1-1 1952-2020年部分年份我国总量GDP和人均GDP的变化

年份	总量GDP/亿元	人均GDP/元
1952	679	119
1955	912	150
1960	1470	220
1966	1889	257
1976	2989	321
1978	3679	385
1984	7279	702
1990	18873	1663
1995	61340	5091
2000	90564	7942
2005	187319	14368
2010	412119	30808
2015	688858	50237
2018	919281	66006
2019	990865	70892
2020	1015986	72690

国家统计局数据显示：2020年我国总量GDP和人均GDP分别是1952年的1496.3倍和610.8倍。改革开放至今，我国GDP年均增长率达到了9.8%，即使在2020年面对新冠肺炎疫情的冲击和国际国内复杂环境的影响下，我国GDP依然实现了2.3%的正增长。

材料5　GDP国别比较

表1-2　2019年GDP总量排名前十的国家[①]

国家	GDP/万亿美元	人均GDP/万美元	GDP全球占比/%
美国	21.427	6.527647	24.43
中国	14.343	1.024463	16.35
日本	5.082	4.00252	5.79
德国	3.846	4.640444	4.39
印度	2.875	0.210864	3.28
英国	2.827	4.230136	3.22
法国	2.716	4.050708	3.1
意大利	2	3.629764	2.28
巴西	1.84	0.86858	2.1
加拿大	1.736	4.64047	1.98

　　世界银行统计数据显示：2019年世界GDP总量为87.698万亿美元，人均GDP约1.14万美元。世界各国经济总量以及人均GDP之间存在着较大的差异，排名第一的美国GDP占全球总量的24.43%，中国是世界第二大经济体，GDP占全球总量的16.35%，加拿大GDP总量在全球位居第十位，但其仅占全球GDP的1.98%。2019年，我国人均GDP首次超过1万美元，虽然我国GDP总量大，但由于我国人口数量较多，导致我国人均GDP和发达国家相比仍处于较低水平。

材料6　GDP不是万能的

　　由GDP的含义可知，GDP只是用来衡量那些易于度量的经济活动的营业额，而不能全面反映经济增长的质量。

　　罗伯特·肯尼迪（美国总统约翰·肯尼迪的弟弟）慷慨激昂地批评了这种经济衡量指标"……GDP并没有考虑到我们孩子的健康、他们的教育质量，或者他们做游戏的快乐。它也没有包括我们的诗歌之美和婚姻的稳定，以及我们关于公共问题争论的智慧和我们公务员的廉正。它既没有衡量我们的勇气、我们的智慧，也没有衡量我们对祖国的热爱。简言之，它衡量一切，但并不包括使我们的生活有意义的东西；它可以告诉我们关于美国人的一切，但没有告诉我们为什么我们以做一个美国人而骄傲。"

---

　　① 中国的GDP统计数据不包括香港、澳门、台湾地区。

德国学者厄恩斯特·冯·魏茨察克和两位美国学者艾默里 B. 洛文斯与 L. 亨特·洛文斯在他们合著的《四倍跃进》一书中对 GDP 在衡量经济增长中的作用提出了诘难。他们生动地写道："乡间小路上，两辆汽车静静行驶，一切平安无事，它们对 GDP 的几乎贡献为零。但是，其中一个司机由于疏忽，突然将车开向路的另一侧，连同到达的第三辆汽车，一起造成了一起恶性交通事故。'好极了'，GDP 说。因为，随之而来的是救护车、医生、护士、汽车修理或买新车、法律诉讼、损失赔偿、新闻报道等，所有这些都被看做是正式的职业行为，都是有偿服务。即使任何参与方都没有因此而提高生活水平，甚至有些还蒙受了巨大损失，但我们的'财富'——所谓的 GDP 依然在增加。"

尽管 GDP 存在着种种缺陷，但世界上本来就不存在一种包罗万象、反映一切的经济指标，在现行衡量一国经济发展状况的指标体系中，GDP 依然是一个重要的指标。

材料 7　什么是好的 GDP？

长期以来，GDP 一直是各界最关心的经济发展量度。GDP 的规模、增速，关系到一个国家的经济规模、就业、人民生活水平。但是，"过犹不及"，一旦过分强调 GDP，就会落入误区。有些地方唯 GDP 马首是瞻，以牺牲生态环境生态环境为代价，"功在一时，罪在长久"，为地方留下了不可磨灭的伤痛；有些地方为了追求 GDP，上马一些政绩工程、面子工程，随之而来的甚至可能是暴力拆迁、征地纠纷等为社会带来无穷隐患的问题。

从福建到浙江，再到最高领导人，习近平对 GDP 问题有着非常丰富而全面的见解与论述。读懂习近平的这些论述，就能理解中国经济未来发展的新思路，适应"新常态"。

1、要看 GDP，但不能"唯 GDP"。要看 GDP，但不能唯 GDP。GDP 快速增长是政绩，生态保护和建设也是政绩；经济社会发展是政绩，维护社会稳定也是政绩；立竿见影的发展是政绩，打基础作铺垫也是解决经济发展中的问题是政绩，解决民生问题也是政绩。（《之江新语》2004 年 2 月 8 日）

2、"不简单以 GDP 论英雄"。我们这么大个国家、这么多人口，仍然要牢牢坚持以经济建设为中心。同时，要全面认识持续健康发展和生产总值增长的关系，防止把发展简单化为增加生产总值，一味以生产总值排名比高低、论英雄。转方式、调结构是我们发展历程必须迈过的坎，要转要调就要把速度控制在合理范围内，否则资源、资金、市场等各种关系都绷得很紧，就转不过来、调不过来。各级都要追求实实在在、没有水分的生产总值，追求有效益、有质量、可持续的经

济发展。（2013 年 11 月 5 日，在湖南考察）

我们不再简单以国内生产总值增长率论英雄，而是强调以提高经济增长质量和效益为立足点。事实证明，这一政策是负责任的，既是对中国自身负责，也是对世界负责。（2013 年 10 月 7 日，在亚太经合组织工商领导人峰会上的演讲）

3、既要 GDP，又要绿色 GDP。要正确处理好经济发展同生态环境保护的关系，牢固树立保护生态环境就是保护生产力、改善生态环境就是发展生产力的理念，更加自觉地推动绿色发展、循环发展、低碳发展，决不以牺牲环境为代价去换取一时的经济增长。（2013 年 5 月 24 日，中共中央政治局第六次集体学习）

发展创新，是世界经济可持续增长的要求。单纯依靠刺激政策和政府对经济大规模直接干预的增长，只治标、不治本，而建立在大量资源消耗、环境污染基础上的增长则更难以持久。要提高经济增长质量和效益，避免单纯以国内生产总值增长率论英雄。各国要通过积极的结构改革激发市场活力，增强经济竞争力。（2013 年 10 月 7 日，在亚太经合组织工商领导人峰会上的演讲）

发展是我们党执政兴国的第一要务。我们已进入新的发展阶段，现在的发展不仅仅是为了解决温饱，而是为了加快全面建设小康社会、提前基本实现现代化；不能光追求速度，而应该追求速度、质量、效益的统一；不能盲目发展，污染环境，给后人留下沉重负担，而要按照统筹人与自然和谐发展的要求，做好人口、资源、环境工作。为此，我们既要 GDP，又要绿色 GDP。（《之江新语》2004 年 3 月 19 日）

环境就是生产力，良好的生态环境就是 GDP。（摘自习近平 2003 年 8 月 8 日在丽水市调研时的讲话）

4、改变干部考核方式。要改进考核方法手段，既看发展又看基础，既看显绩又看潜绩，把民生改善、社会进步、生态效益等指标和实绩作为重要考核内容，再也不能简单以国内生产总值增长率来论英雄了。要树立强烈的人才意识，寻觅人才求贤若渴，发现人才如获至宝，举荐人才不拘一格，使用人才各尽其能。（2013 年 6 月 28 日，在全国组织工作会议上的讲话）

要科学制定干部政绩的考核评价指标，形成正确的用人导向和用人制度。各地的实际情况不同，衡量政绩的要求和侧重点也应有所不同。（《之江新语》2004 年 2 月 8 日）

5、不片面追求 GDP。政绩观与发展观密切相连。有什么样的政绩观，就会有什么样的发展观，反之亦然。一段时间以来，一些干部在“发展”问题上产生了误区，把“发展是硬道理”片面地理解为“经济增长是硬道理”，把经济发展简单化为 GDP 决定一切。在这种片面发展观的指导下，一些地方出现了以经济数据、经济指标论英雄的片面的政绩观，甚至搞“形象工程”、“政绩工程”，结果给地方

发展带来了包袱和隐患，并引发了诸多社会矛盾和问题。（《之江新语》2004年8月26日）

"好"作为对经济发展质量和效益的要求，主要贯穿于以节能降耗减排为代表的约束性指标中；"快"作为对经济发展速度的强调，则更多地体现在以GDP增长为代表的预期性指标上。在当前的条件下，要做到"好"比做到"快"难度更大。这就要求我们在制定和执行工作计划时，必须进一步贯彻落实科学发展观，不能片面追求GDP增长速度。（《之江新语》2007年1月10日）

6、GDP不是最终目的。要认清物质文明建设和精神文明建设的最终目的是什么，GDP、财政收入、居民收入等等是一些重要指标，但都不是最终目的，其最终目的就是要促进人的全面发展，包括改善人们的物质生活、丰富人们的精神生活、提高人们的生活质量、提高人们的思想道德素质和科学文化素质等等。（《之江新语》2004年12月27日）

发展不能脱离"人"这个根本。我们仍然需要GDP，但经济增长不等于发展，也必须明确经济发展不是最终目的，以人为中心的社会发展才是终极目标。首先，发展不能脱离"人"这个根本。（2004年12月28日在浙江省政协九届九次常委会议上的讲话）

7、不唯GDP，但也不能不要GDP。坚持科学发展观首先还是要加快发展，不是不要发展或者放慢发展。科学发展观不唯GDP，但也不能不要GDP。我们为了加快发展，就要更好地发展，不能把握发展的规律，就会欲速则不达，就不可能加快发展，也可能好的愿望会落空，也可能好的愿望适得其反，如果为了加快发展竭泽而渔，违背规律，急于求成，还是走老路，不按科学发展观的要求，结果就不可能加快发展，这个辩证关系要搞清楚，要坚持以人为本、全面协调可持续的发展。（2005年1月27日在湖州市调研时的讲话）

材料8　生态文明建设

党的十八大把生态文明建设纳入中国特色社会主义事业"五位一体"总体布局，党中央、国务院就加快生态文明建设作出了一系列决策部署，在生态文明建设模式、制度创新上进行了大量卓有成效的探索，取得了显著成效。特别是党的十八届三中全会以来，生态文明制度建设在全面深化改革框架下取得了重要进展。生态文明是继原始文明、古代文明、近现代文明之后的一种新的文明形态。建设生态文明，功在当代，利在千秋，习近平总书记非常重视生态文明建设，曾在多个重要场合反复提及。

党的十八大以来，我们把生态文明建设作为统筹推进"五位一体"总体布局和协调推进"四个全面"战略布局的重要内容，开展一系列根本性、开创性、长远性工作，提出一系列新理念新思想新战略，生态文明理念日益深入人心，污染治理力度之大、制度出台频度之密、监管执法尺度之严、环境质量改善速度之快前所未有，推动生态环境保护发生历史性、转折性、全局性变化。

加快形成绿色发展方式，是解决污染问题的根本之策。只有从源头上使污染物排放大幅降下来，生态环境质量才能明显好上去。重点是调结构、优布局、强产业、全链条。

打好污染防治攻坚战时间紧、任务重、难度大，是一场大仗、硬仗、苦仗，必须加强党的领导。（2018 年 5 月 18 日，习近平在全国生态环境保护大会上的讲话）

建设美丽家园是人类的共同梦想。面对生态环境挑战，人类是一荣俱荣、一损俱损的命运共同体，没有哪个国家能独善其身。唯有携手合作，我们才能有效应对气候变化、海洋污染、生物保护等全球性环境问题，实现联合国 2030 年可持续发展目标。只有并肩同行，才能让绿色发展理念深入人心、全球生态文明之路行稳致远。

一代人有一代人的使命。建设生态文明，功在当代，利在千秋。让我们从自己、从现在做起，把接力棒一棒一棒传下去。（2019 年 4 月 28 日，习近平在北京世界园艺博览会开幕式上的讲话）

我们要坚持"绿色共识"，坚定不移推进应对气候变化国际合作，共同落实应对气候变化《巴黎协定》，为今年联合国第二十六次气候变化缔约方大会和第十五次《生物多样性公约》缔约方大会成功举办作出贡献。（2021 年 2 月 9 日，习近平在中国—中东欧国家领导人峰会上的主旨讲话）

要坚持绿水青山就是金山银山的理念，坚定不移走生态优先、绿色发展之路。要继续打好污染防治攻坚战，加强大气、水、土壤污染综合治理，持续改善城乡环境。要强化源头治理，推动资源高效利用，加大重点行业、重要领域绿色化改造力度，发展清洁生产，加快实现绿色低碳发展。要统筹山水林田湖草沙系统治理，实施好生态保护修复工程，加大生态系统保护力度，提升生态系统稳定性和可持续性。（2021 年 3 月 5 日，习近平在参加十三届全国人大四次会议内蒙古代表团审议时强调）

实现碳达峰、碳中和是一场广泛而深刻的经济社会系统性变革，要把碳达峰、碳中和纳入生态文明建设整体布局，拿出抓铁有痕的劲头，如期实现 2030 年前碳达峰、2060 年前碳中和的目标。（2021 年 3 月 15 日，习近平主持召开中央财经委员会第九次会议强调）

贵州省生态文明建设实践

2013年，国家发展改革委正式批复同意将贵州省纳入长江经济带范围，为贵州省经济社会发展带来了重大机遇。贵州省发展改革委始终将修复长江生态环境摆在压倒性位置，共抓大保护、不搞大开发，努力把长江经济带建成生态更优美、交通更顺畅、经济更协调、市场更统一、机制更科学的黄金经济带；2014年，国家发展改革委等六部委批复贵州省建设国家生态文明先行示范区，贵州省成为全国第二个以省为单位开展生态文明建设的先行示范区。贵州省发展改革委始终把健全生态文明建设长效机制作为工作重点，推动生态文明建设与经济、政治、文化、社会建设高度融合；2016年初，国家发展改革委启动设立国家生态文明试验区相关工作，贵州省委、省政府高度重视，书记、省长亲自部署、亲自推动，贵州省发展改革委会同有关部门全力争取。2016年8月，中办、国办印发《关于设立统一规范的国家生态文明试验区的意见》（中办发〔2016〕58号），明确将贵州省与福建省、江西省列为首批国家生态文明试验区。2017年9月，中办、国办印发《国家生态文明试验区（贵州）实施方案》（中办发〔2017〕57号），贵州省国家生态文明试验区建设正式启动，全省生态文明建设从此站在了新的历史起点。

十年来，贵州省生态环境保护发生历史性变化，生态文明建设步履坚定、成效显著：森林覆盖率从2010年的40.52%提高到2020年的61.51%，万元地区生产总值能耗从2010年的1.14吨标准煤/万元降低到2020年的0.67吨标准煤/万元，城市污水处理率从2010年的74.8%提高到2020年的96%，城市生活垃圾无害化处理率从2010年的45.4%提高到2020年的94.7%，9个中心城市环境空气质量平均优良天数比率从2015年的97.6%提高到99.2%，绿色经济占地区生产总值比重从2015年的33%提高到2020年的42%，公众对贵州生态环境满意度居全国第2位，全省生态系统的生态价值、经济价值、文化价值实现大幅提升，实现了百姓富与生态美的有机统一。

2022年1月，国务院印发《国务院关于支持贵州在新时代西部大开发上闯新路的意见》（国发〔2022〕2号）明确赋予贵州"生态文明建设先行区"的重任。

材料9 GEP核算

GDP在衡量社会福祉、生活质量和人民幸福时，会遇到很多问题。在全球资源越来越短缺，生态环境不断恶化的条件下，可持续的经济发展成为人们关注的重点，基于这样的背景，世界自然保护联盟（IU-CN）首倡了GEP（Gross Ecosystem Product）的概念，即生态系统生产总值，旨在建立一套与GDP相对应的能够反映良好生态环境的统计和核算体系。GEP所考量的范围不仅包括经济系统，还涉及社会、资源和生态环境，是生态系统为人类福祉提供的产品和服务的经济价值总量。因此，GEP 能够充分直接地反映自然生态系统的状况，有利于唤起全社会对生态系统保护、恢复的理解和支持。GEP 的核算是比较困难的，难点在于如何以货币评价自然资本储量的变化，并把这些变化计入国民账户。

云南省普洱市是中国第一家推行 GDP 与 GEP 双核算、双运行、双考评机制的城市。GEP（生态系统生产总值）是评估区域生态产品和服务价值的一个指标，是指一定区域内生态系统为人类福祉和经济社会可持续发展提供的最终产品与服务价值的总和。GEP 的核算其实就是让森林、空气等，这些原本"无价"的自然资源，转化成"有价"的生态账本。

普洱市为推进经济开发—生态环境保护—社会民生改善三者之间的健康和谐发展，普洱市人民政府与中国生物多样性保护与绿色发展基金会和中国科学院生态研究中心合作，共同研究推出了普洱市（含各区县）生态系统生产总值（GEP）核算方法，用货币化手段核算区域内生态系统提供的产品及服务功能价值，量化区域内的"绿水青山"为"金山银山"，找准普洱市 GDP、GEP 和民生协调健康发展的最佳平衡点，挖掘普洱市经济社会发展和生态环境保护协同发展的最佳效益。该核算方法在将物质产品价值量、调节服务价值量、文化服务价值量进行标准化处理后，分别得到物质产品指数、调节服务指数、文化服务指数，并依据层次分析法赋予权重后加总得到 GEP 综合评价指数。

GEP 的核算有一套公式可以遵循，即 GEP=EPV+ERV+ECV（其中 EPV 是指生态系统物质产品价值，ERV 是指生态系统调节服务价值，ECV 是指生态系统文化服务价值）。根据普洱市给出的数据显示，2016 年，也就是"十三五"的开局之年，普洱市县（区）的 GEP 为 5058.72 亿元，当时生态系统产品提供的价值为383.46 亿元，占全市 GEP 的 7.58%；生态系统调节服务价值为 4398.87 亿元，占全市 GEP 的 86.96%；生态系统文化服务价值为 276.39 亿元，占全市 GEP 的 5.46%。经过 5 年的努力，到了"十三五"的收官之年，2020 年普洱市县（区）的 GEP 有了大幅提升，总量达到了 7581 亿元，其中生态系统产品提供的价值为 539.76 亿元，占全市 GEP 的 7.12%；生态系统调节服务价值为 6347.94 亿元，占全市 GEP 的83.74%；生态系统文化服务价值为 693.26 亿元，占全市 GEP 的 9.14%。GEP 数据变得漂亮的同时，普洱市的 GDP 在"十三五"期间的提升显著。2016 年普洱市的GDP 为 567.54 亿元，到 2020 年全市的 GDP 达到了 945.42 亿元。

毫无疑问，在留住绿水青山的同时，普洱市也收获了金山银山。近年来，普洱市始终深入贯彻习近平新时代中国特色社会主义思想和考察云南重要讲话精神，以打造世界一流"三张牌"为目标，按照"大产业+新主体+新平台"的发展思路真抓实干。在 GDP、GEP 两个方面交出双百答卷，普洱市是这样做的。第一，做长"绿色能源牌"。普洱市电力装机规模达 930 万千瓦，年发电量高峰值达 406 亿千瓦时，成为"西电东送、云电外送"的重要清洁能源基地；启动实施800万千瓦普洱水风光储一体化项目建设，打造西南水风光储一体化综合能源示范基地；大力发展绿色载能产业，启动投资总额300亿元、浆纸产能300万吨、综合产值300亿元的普洱市林产工业"双百"项目建设。景谷林产业工业园被确定为全省首个"国家绿色产业示范基地"，普洱市荣获国家水生态文明城市、国家循环经济示范城市。第二，做强"绿色食品牌"。普洱市建成了全国最大的普洱茶、咖啡、牛油果、云茯苓、白及、龙血竭片产区和林下三七种植示范区，搭建了全国最大的咖啡交易服务平台——云南国际咖啡交易中心、全省首个国家现代农业产业园——思茅现代农业产业园、国家农村产业融合发展示范园——景迈山茶产业示范园等一批产业平台，启动实施澜沧古茶提升改造、天士力帝泊洱生物茶谷、上海九泽茶马古窖等重点项目，成功推出景迈山、凤凰山、普洱山和千家寨爷号系列名山普洱茶品牌，普洱茶、普洱咖啡入选中欧地理标志协定首批保护名录，以中国中药、大唐汉方、安琪酵母等企业为龙头打造生物医药产业基地，全力打造普洱肉牛、坚果等18个省级"绿色食品牌"产业基地，全市有机茶认证面积、认证企业和认证品牌数量三项指标均居全国第一，普洱打造"中国有机茶第一强市"迈出坚实步伐。第三，做精"健康生活目的地牌"。普洱市抢抓大滇西旅游环线建设机遇，以"一部手机游云南"重构旅游新生态，打造闻名遐迩的国际康养旅居目的地。普洱景迈山古茶林文化景观被国务院批准为中国2022年正式申报世界文化遗产项目，普洱太阳河国家森林公园成为全国首个世界和平公园，世界上最大的全可动脉冲星射电望远镜在景东启动建设，普洱"两山"国家公园、百里普洱茶道、普洱茶博物馆、安缦酒店等一批重大项目全面推进，引进东软、松赞文旅集团等携手打造51个最美半山酒店，聘请新加坡刘太格团队高起点规划思宁一体化建设，做活"产城人"融合大文章；全市5个县城获评"云南美丽县城"，8个县区荣获全省爱国卫生"七个专项行动"表彰奖励，是全省入选数量最多的州市；成功创建成为全国文明城市、全国民族团结进步示范市、国家卫生城市、国家园林城市、国家森林城市、中国生态文明建设示范城市和中国康养城市。

面向未来，普洱也有了自己的规划，下一步普洱市将立足新发展阶段、贯彻新发展理念、融入新发展格局，大干项目、大抓产业、主攻绿色工业，构建以思宁一体化为核心，景谷、澜沧两个区域性次中心城市为两翼、打造对外开放经济带、绿色经济带、抵边城镇带的"一核两翼三带"生产力空间格局，重点打造现代林产业、旅游康养产业、高原特色农业3个"千亿级产业"，生物药、茶、现代制造业3个"五百亿级产业"，现代物流、数字经济2个"三百亿级产业"，为云南打造世界一流"三张牌"做出新的更大贡献。

案例思政元素讨论分析

1、如何正确认识GDP？（提示：对立统一规律）

2、如何理解中国的经济增长奇迹？

3、阐述"绿水青山就是金山银山"的理论依据和实践路径？

4、生态文明建设与GDP相悖吗？为什么？

5、全面推广GEP核算可行吗？

参考文献

1、李晓西等.宏观经济学案例（第二版）[M].中国人民大学出版社，2014年

2、杨志等.中国特色社会主义生态文明制度研究 [M].经济科学出版社，2014年

3、张满银.宏观经济学：原理、案例与应用 [M].机械工业出版社，2018年

4、陈晓玲等.宏观经济学课程思政案例集 [M].西南财经大学出版社，2021年

5、首都经济贸易大学经济学院.理论经济学课程思政教学案例集萃 [M].首都经济贸易大学出版社，2022年

6、认识GDP [EB/OL].湖北省统计局，2014.9.11

7、一篇文章读懂习近平如何看待GDP [EB/OL].中国经济网，2014.8.14

8、中华人民共和国2021年国民经济和社会发展统计公报 [EB/OL].国家统计局，2022.2.28

9、绿色普洱：既要GEP也要GDP 普洱的绿水青山正成为金山银山 [EB/OL].云南信息报，2022.5.17

10、贵州奋力打造生态文明建设先行区：向"绿"而行 生态"风光"无限好 [EB/OL].中国新闻网，2020.6.18

11、贵州生态文明建设走出一条有别于东部、不同于西部其他省份的发展新路 [EB/OL].中国发展网，2022.10.10

第二章　国民收入决定理论

凯恩斯在1936年出版的《就业、利息与货币通论》一书中明确提出："如果财政部把用过的瓶子塞满钞票，而把塞满钞票的瓶子放在已开采过的矿井中，然后用城市垃圾把矿井填平，并且听任私有企业根据自由放任的原则把钞票再挖出来（当然，要通过投标来取得在填平的钞票区开采的权利），那么，失业问题便不会存在，而且在受到由此而造成的反响的推动下，社会的实际收入和资本财富很可能要比现在多出很多。"这是不是听起来有些荒唐？把钱埋在地下真的能刺激经济？

材料1　消费理念："寅吃卯粮"还是量入而出？

2010年，从希腊蔓延开去的主权债务危机愈演愈烈，欧洲高负债国家纷纷出台严苛的财政紧缩政策以减少赤字。为避免重蹈希腊覆辙，美国也陆续出台经济改革措施，大刀阔斧地削减财政开支。在减薪、失业、资产缩水的重重压力下，欧美人举债度日、"寅吃卯粮"的消费习惯正在被东方人量入为出、勤俭节约的传统美德同化。他们被迫改变以往借贷消费的习惯，努力增加储蓄，逐渐养成节俭生活的习惯。美国《新闻周刊》国际版主编法里德·扎卡里亚称，这场危机足以使发达经济体国家警醒，如果人们能因此改变"举债度日"的生活方式，危机将成为不幸中之大幸。

1、改变借贷消费习惯。借贷消费在欧美已有近百年历史，金融危机前，美国经济增长的主要动力来自个人消费，个人消费占国内生产总值的2/3。美国皮斯卡塔研究公司调查报告称，美国人一般将个人收入的90%用于消费，还需13%偿付各种贷款。用新债还旧贷维持生活，在美国天经地义。与美国相同的是，几乎所有欧洲国家都背负着超出其国民生产总值的巨额债务，欧洲消费者享受着远超出其国民生产能力的社会财富。德裔美国人46岁的麦克尼斯说："我看到太多的人在透支自己的生活，购买超出自己支付能力的东西。"对于负债麦克尼斯有深刻教训，她曾背负数万美元信用卡债务。"我每次走向邮箱时心都在发抖，那种恐惧收到账单的感觉至今仍在。现在我学会了只用储蓄卡付款，不买那些买不起的东西，感觉轻松多了。"统计报告显示，金融危机之前，美国人每年因信用卡透支罚款偿付的费用高达150亿美元。金融危机爆发后，因不能偿还信用卡借款及高额利息，不少美国人宣布个人破产，银行拿走破产人所有资产，包括仅有的住房，导致一些人失业后还不起贷款而流离失所。

2、增加储蓄防不时之需。欧美的个人储蓄率在近三十年一直处于下降周期，尤其是美国。不断下降的储蓄率支撑美国消费正增长维持长达十六年之久，同时支撑美国经济在近三十年保持快速发展。然而，欠账的人多如牛毛，储蓄率的透支已超过了极限，"寅吃卯粮"最终成了金融危机的"始作俑者"。美国价值观学会主席戴维·布兰肯霍恩近日发表评论说："在过去的几十年，多数人在金钱的思维上以负债为导向，花的比挣的多……这种思维方式或将逐渐终结。"泰勒·肯伊是美国一家杂志的资深编辑，金融危机爆发后他的个人资产损失惨重，股票市值拦腰截断，退休金账户缩水近1/3，房屋市值损失超过1/4。更让肯伊担忧的是，他供职的杂志可能放弃印刷版只出网络版，这让年近花甲的肯伊不知该如何面对未来。"我要把每一分不必花的钱攒起来，只有增加储蓄才能增加我的安全感。"美国商务部公布数据显示，2009年5月份美国个人储蓄率达到6.9%，为15年来最高水平。个人信用咨询服务机构MMI4月调查显示，36%的美国人比前一个月增加了储蓄，而在80后的一代人中高达44%增加了储蓄，年轻一代开始逐渐养成节约习惯。法国个人信贷机构报告称，经济危机改变了欧洲人的消费行为。该机构对欧洲12个国家的8000名消费者进行问卷调查，34%的受访者希望在今后12个月内增加银行储蓄。调查分析认为，大部分欧洲人都希望提高储蓄率以防不时之需。总部位于美国克利夫兰的全国城市公司首席经济学家德凯瑟称，随着经济萧条结束，美国人减少消费增加储蓄的倾向可能还会改变，但由于住房等个人财产不会像经济繁荣时期那样大幅升值，美国人或将学会永久性地为教育和退休增加储蓄。

3、被迫学会节俭生活。美国媒体曾指出，中国人"量入为出"的传统价值观使他们在金融危机中减少了损失。不少中国人习惯一分钱掰两半花，而不少欧美人恨不得把下辈子的钱在这辈子花光。金融危机前，英国27岁的凯利·杜克斯供职于一家非营利性教育组织，现在该组织失去赞助，凯利失去了薪水。这位单身母亲表示，经济衰退让她学会了全新的生活方式。"现在我明白了'想要'和'需要'之间的区别"，"过去我常常随意购物，现在我知道，我不需要买三双同一款式但不同颜色的鞋子了"。对于有稳定收入的中产阶级而言生存不成问题，但生活质量的下降是不可避免的。拉克罗是一名美国电脑工程师，他和妻子年收入有20万美元，但现在也注意节约了。原本每天午后拉克罗都花8美元买一杯咖啡，如今他买了咖啡机，把一杯咖啡的成本降到1美元。全球商业咨询公司布茨最近公布调查报告称，在过去的半年里，43%的美国人减少了去餐馆吃饭的次数，上班族自带午餐的比例较一年前增加了将近10%。美国洗衣店行业协会首席执行官比尔？费舍说，经济危机后的一年，全美洗衣行业营业额下降了35%，在失业及退休金萎缩的压力下，很多美国人减少了衣服干洗次数。美国城市公交系统最近公布报告称，美国公共交通顾客增长了一倍多，经济危机迫使这个"汽车轮子上的国家"在改变着出行方式。担心失业同样是抑制欧洲消费的首要因素。统计数据显示，旧货市场日趋受到人们青睐，47%的欧洲消费者表示欲购买二手货降低购物成本。波士顿咨询消费品专家霍尔格？奥登施泰因说，"许多顾客愿意花更多时间去比较价格，打折商店成为危机的赢家"。英国阿尔迪折扣连锁超市在过去一年销售额增加了20%。阿尔迪经理赫瑟林顿称，人们放弃大型超市到阿尔迪购买价廉物美的商品，这是近20年来人们消费行为的最大改变。

材料2　中国居民储蓄意愿

2022年上半年，我国居民的存款数额已经达到了112.83万亿元，如果按照我国第七次全国人口普查数据约14.12亿人口规模来算的话，那人均存款差不多在7.99万元左右。

近几年，我国居民储蓄意愿不断增强，中国人民银行（下称"央行"）日前发布的城镇储户问卷调查报告显示，个人储蓄意愿偏向于20年较高水平。2022年第二季度，倾向"更多储蓄"的居民占58.3%，较一季度提高3.6个百分点，这与居民存款规模快速提升指向一致。有观点认为，居民存款规模变化受多方面因素影响，除新冠肺炎疫情外还包括银行资产扩张以及负债结构调整等。近期，银行通过存款利率调整来优化资产负债结构、稳定净息差。6月份，新吸收的定期存款利率明显下降，为2.5%，比上年同期低16个基点。

复旦大学中国研究院特聘副研究员刘典告诉《商学院》记者，"从长期来看，存款利率下调会增加一些中小银行的揽储难度。未来，存款利率与贷款利率下调，可能会在某一个阶段出现实际负利率情况（名义利率减去通胀水平）。随着居民储蓄意愿增强，为促进储蓄向投资转化，金融机构要建设一些具有长效机制的投资产品，比如养老金入市等。"

那么，居民储蓄意愿增强背后的助推因素有哪些呢？主要归结为：疫情、投资环境和社会保障等因素。

2022年7月13日国务院新闻办公室（下称"国新办"）举行新闻发布会介绍2022年上半年金融统计数据情况，今年上半年存款大幅增长，人民币存款增加18.82万亿元，同比多增4.77万亿元。其中，住户存款增加10.33万亿元，增数创出近三年同期新高。这意味着在上半年，平均每天有约570亿元住户存款被存入银行。

招联金融首席研究员、复旦大学金融研究院兼职研究员董希淼向《商学院》记者表示，"我国居民长期以来有着较为强烈的储蓄习惯，老百姓爱存钱，储蓄率一直相对较高，居民存款占人民币存款的比例在1995年第三季度达到最高的60.4%。但随着国民经济快速发展、居民投资理财意识增强、金融产品供给丰富，居民储蓄意愿有所下降，2017年底居民存款占人民币存款的比例下降到39.2%。但是，居民存款在人民币存款中的占比从2018年开始逐步上升，到2022年一季度已经达到45.4%。这表明，居民存款快速增长和占比提高初步呈现长期化趋势。"董希淼补充道，"今年以来受国际金融市场震荡影响，我国资本市场波动加剧，股票、基金收益明显下降，特别是银行理财产品出现'破净'，导致居民风险偏好有所下降，部分资金重新流向存款。2022年一季度，我国理财产品存续规模28.37万亿元，比上一季度下降6000万元。"董希淼认为，"居民储蓄意愿增强从短期因素看，主要是新冠肺炎疫情带来的冲击。从长期因素看，与社会保障体系不够完善有关。我国教育、医疗、养老等制度近年来改革力度较大，在社会保障体系难以全面覆盖的情况下，居民对未来收入和支出的不确定性预期提高，使得居民预防意识和储蓄意愿明显增强。中国社会科学院发布的相关蓝皮书显示，子女教育费用、养老、住房排在居民总消费的前三位。而我国目前的人口结构特征，使得居民总体消费信心相对不高。我国目前人口的平均年龄水平正处在对储蓄贡献最高的时段。作为消费主力军的中青年群体，除了收入上具有优势以外，还面临'上有老、下有小'等生活压力，因此消费信心减弱，储蓄意愿增强。此外，随着房地产市场调控力度加大，居民住房消费意愿持续不振，减少了住房消费支出，部分转为居民存款。"

中国人民银行调查统计司司长、新闻发言人阮健弘在国新办新闻发布会上回应了今年存款大幅增长的原因，她表示，居民储蓄存款意愿的边际上升、投资意愿的边际下降，主要是由于二季度新冠肺炎疫情在我国局部地区有所反复，居民对流动性的偏好有所上升，同时资本市场波动加大，居民的风险偏好有所降低，预计随着疫情的逐步缓解，居民的投资意愿将逐步恢复，消费意愿将稳步回归。此外，IPG中国首席经济学家柏文喜告诉《商学院》记者，"上半年储蓄存款意愿增强还与预期下行造成的投资意愿与消费意愿下降，以及居民对未来不确定性的防范心理提升有关。"

提振消费信心，解除后顾之忧。

居民储蓄增加，投资行为减少，证监会曾提出要促进居民储蓄向投资转化。那么当前的投资环境如何？如何促进居民储蓄向投资转化？盘和林表示，"居民当前对投资信心不足，一部分是宏观经济周期的确在一个敏感点，证监会能做的部分，是建设好资本市场的投融资环境，包括提高信息透明度，减少内幕信息交易和股价操控，完善举报人奖励机制，完善集体诉讼制度，优化资本市场投资环境，以提振投资人信心。"

董希淼认为，"要丰富居民投资理财渠道，培育价值投资和长期投资理念，大力发展资本市场、理财市场，发展企业年金、职业年金、健康和养老保险业务，创新金融产品，多渠道促进居民储蓄有效地转化为资管市场长期资金。"

此外，盘和林还提到"以需求拉动的方式来激活消费和投资。在消费领域，各地在进一步加强消费券投放力度的同时，还要发挥好消费券的杠杆作用"。

北京大学光华管理学院曾发布《疫情之下的消费重启：中国城市数字消费券的应用与效果研究》报告显示，政府每投放1元消费补贴，平均能带动3.5元以上的新增消费。为刺激居民消费，地方政府多次大规模发行消费券。2020年1至5月投放190多亿元，2021年9至10月投放约10亿元，2022年7月18日，北京面向全市消费者发放餐饮消费券，推出外卖类、到店类、养老助残类三种消费券累计1亿元。7月7日，杭州发放2022年第三期数字消费券额度为8000万元。

盘和林认为，"当前，这些消费券都达到了他们对应的效果，的确定向撬动了一些行业，让这些行业获得了更高现金流，渡过了难关。当然，也要看到实际上相对于庞大的消费市场，消费券的发放体量还有待进一步加强，发放范围也要进一步扩大，一些地区在发放的过程中，需要考虑消费券发放资金来源问题。"

对于提振居民消费意愿和能力，董希淼表示，"持续释放国内市场潜力，采取积极有效措施，改变居民消费动机不足等问题，改善居民消费环境，培育中高端消费增长点，扩大汽车等耐用消费品消费，促进居民消费转型升级。此外，还要严格落实国家卫健委'九不准'要求，纠正过紧、过严的防控手段，平衡好疫情防控和经济增长的关系，最大限度降低疫情防控对经济和民生的冲击，稳定企业和居民的预期。"他还从房地产角度提到"要进一步落实好差别化的住房信贷政策，合理把握信贷投放，更好地满足居民自住型和改善型购房需求，加快探索房地产新的发展模式，坚持'租购并举'，大力发展长租房市场"。

不少专家认为，真正提振消费者信心的关键是增收和保障民生。进一步完善全覆盖的社会保障体系，更好地满足居民养老、就医、教育等方面的迫切需求，降低居民后顾之忧进而降低预防性储蓄意愿，促进全体人民共同富裕。

材料3　投资与经济增长

2022年，我国持续发力新基建投资，多地重大项目密集开工，成为推进经济建设与发展的重要支柱。专家表示，受新冠肺炎疫情等因素影响，消费乏力、出口承压，在稳经济的背景下，需要新基建发挥更大作用。"十四五"时期，全国新基建投资规模或超过15万亿元。新基建主要包括以5G、物联网、工业互联网、人工智能、数据中心为代表的信息基础设施；以智能交通基础设施、智慧能源基础设施等为代表的，用新技术支撑传统基础设施转型升级的融合基础设施；以及包括重大科技基础设施、科教基础设施等在内的创新基础设施。

新基建是释放经济活力的强劲引擎、实现创新驱动的有效路径、推动高质量发展的重要支撑。近一段时间以来，贵州、北京、宁夏等地瞄准新基建领域，陆续公布了2022年重点项目投资计划，加快部署稳投资工作。其中，山东提出，实施新型基础设施网建设行动计划；到2025年，5G基站数达到25万个，5G用户普及率提高到56%，高质量、大规模5G网络全面建成。贵州提出，2022年适度超前布局新型基础设施建设，加快全国一体化算力网络国家（贵州）枢纽节点建设，推进"东数西算"试点，加快京东、南方电网等数据中心建设，新建5G基站2.5万个。云南明确，加快布局新型基础设施，建设中国面向南亚东南亚辐射中心数字枢纽，提升昆明国际通信出入口局服务能力和物联网接入能力，持续扩大千兆光网覆盖范围，新建5G基站2万个，推进5G融合创新应用。安徽提出，实施"新基建+"行动，创建国家互联网骨干直联点、全国一体化算力网络国家枢纽节点集群，新建5G基站2.5万个以上。

"当前，新基建、新能源项目投资是拉动投资和经济稳增长的重要发力点。"中国银行研究院研究员范若滢表示，从短期来看，稳增长需要寻找新的发力点；从长期来看，我国经济正处于增长动能转换和经济绿色转型的关键阶段，加大新基建、新能源项目投资有利于调节经济结构，符合转型发展大趋势。"做好新型基础设施建设，是提高我国经济发展质量的基础，有助于摆脱过于依赖劳动密集型产业的制约。"商务部研究院国际市场研究所副所长白明在接受媒体采访时表示，在我国人口红利不再呈现巨大优势的背景下，发展诸如信息、科技等领域的新基建，可以有效杜绝过去"拼投资""拼规模"的经济增长方式，使得经济发展向更高质量迈进。此外，白明表示："在当前形势下发展新基建，可谓恰逢其时。"他解释称，其一，诸多国家眼下正积极抢占科技领域新基建的赛道，我国如果在此阶段落后，那么将处于未来国际竞争中的劣势；其二，在国际国内双循环经济发展模式的背景下，做好基础设施建设，犹如修好更宽阔的道路，更能促使我国的经济不再依赖国外,而在国内经济循环上发挥更大效用。

2022年9月28日,国家统计局发布党的十八大以来经济社会发展成就系列报告之八,聚焦扎实推进固定资产投资情况。报告显示,2013年-2021年全社会固定资产投资累计完成409万亿元,年均增长9.4%。从投资对经济增长的贡献看,2013年-2021年全国资本形成率平均每年为43.9%,有效投资与消费升级良好互动的局面正在逐渐形成。从投资结构看,我国产业投资优化升级,区域投资协同推进。我国固定资产投资领域持续推进供给侧结构性改革,农业投资基础不断巩固,工业投资加快转型升级,服务业投资保持快速增长,投资结构持续优化;拓展深化以"西部大开发、东北振兴、中部崛起、东部率先发展"为主要内涵的区域发展总体战略,区域投资协同性不断增强。2013年-2021年,全国基础设施投资年均增长12%,增速比全部投资高2.3个百分点。

材料4　越来越开放的中国

党的十八大以来,我国坚持对内对外开放相互促进、"引进来"和"走出去"更好结合,贸易强国建设向纵深推进,国际经济合作和竞争新优势不断增强。从2012年到2021年,我国货物贸易和服务贸易总额由4.4万亿美元增至6.9万亿美元,增长超56%,全球排名由第二位升至第一位;吸引外资规模自2017年以来连续4年位居世界第二;2013年至2021年,我国累计非金融类对外直接投资11281亿美元,稳居世界前列;……十年间,我国的开放事业取得了历史性成就。站在新的历史阶段,中国坚持实施更大范围、更宽领域、更深层次对外开放,努力开拓合作共赢新局面。

放眼神州大地,伴随着开放的大门越开越大,中国市场吸引力不断提升,对外经贸合作连上台阶,开放事业取得了突破性成就。

对外贸易总额跃居世界第一。2020年我国对外贸易总额由2012年的4.4万亿美元升至5.3万亿美元,成为全球第一大贸易国。2021年,我国对外贸易总额增至6.9万亿美元,继续保持世界第一。

吸引外商直接投资稳步增长。我国实际使用外商直接投资由2012年的1133亿美元升至2021年的1735亿美元,年均增长4.8%,自2020年起稳居世界第二位。

企业"走出去"迈出坚实步伐。境外中资企业从2012年末近2.2万家增长到超过4.5万家,境外投资存量从2012年末的0.5万亿美元增长到超过2.7万亿美元,促进了我国与东道国互利共赢。

在中国社科院世界经济与政治研究所研究员高凌云看来,十年来,中国开放发展成就斐然。"向开放要活力,坚持以开放促改革、促发展、促创新,中国取得了许多举世瞩目的历史性突破。"

回顾十年来我国改革开放历程，一张清单的出台、推广并不断缩短，成为生动的写照。

2013年第一张自贸试验区版外商投资准入负面清单出炉，2016年在全国实施外商投资负面清单管理模式，被看作是我国开放制度的重要变革。从这张清单开始，我国外资管理体制从正面清单管理向负面清单管理转变，将实行了30多年的全链条审批制度改为有限范围内的审批和告知性备案的管理制度，并转为外商投资信息报告制。到今天，外资准入负面清单已经连续5年缩短，清单上的每一个"减法"，都意味着一个更加开放的领域。

以汽车产业为例，在2018年版的外资准入负面清单中明确汽车行业取消外资限制的"时间表"，为外资企业吃下了"定心丸"。2019年初，特斯拉超级工厂在上海开工，短短一年内完成了建厂、生产、交付。至2022年8月，第100万辆整车下线，跑出了罕见的"中国速度"。外资引进来，还要留得住。我国加快构建开放型经济新体制，一个重要目的就是通过开放促进自身加快制度建设、法规建设，完善营商环境和创新环境。2013年以来，我国先后部署建设了21个自贸试验区和海南自由贸易港，加大开放制度的先行先试力度。2020年，实施新版外商投资法，首次以法律形式确立了国家在"投资促进"、"投资保护"和"投资管理"三个层面的基础性制度保障，开启新的外商投资管理体制。2021年，在海南推出第一张跨境服务贸易负面清单，实现了对服务贸易管理模式的重大突破。从2013年至今，我国营商环境全球排名从第96位跃升至最新的第31位。

十年间，中国的"朋友圈"不断扩大，对外签署的自贸协定由10个增长到19个，增长近1倍；和自贸伙伴的贸易额占中国全部贸易额的比重由17%增长到2021年的35%。2022年初，《区域全面经济伙伴关系协定》（RCEP）生效实施，意味着全球人口最多、经贸规模最大的自贸区正式落地。国家统计局数据显示，2013—2021年，我国对世界经济增长的平均贡献率达到38.6%，超过七国集团（G7）国家贡献率的总和。

改革不停顿，开放不止步。践行开放承诺，开拓合作共赢新局面，中国还在持续推进更大范围、更宽领域、更深层次的对外开放，加快构建以国内大循环为主体、国内国际双循环相互促进的新发展格局。

材料5　总需求制约与总供给改善

传统凯恩斯主义认为，应通过政策手段不断刺激总需求，弥补国内有效需求的不足，从而拉动经济增长。然而，现实中这种政策思路也遇到一些新的挑战。

例如，目前国际上主要发达经济体就面临财政赤字居高不下、超常规数量宽松政策成效不明显等问题。对于我国而言，同样也面临着总需求调整方面的困惑，其空间逐步收窄且边际成本增加，甚至有人开始怀疑过去的发展模式是否已到尽头。

与消费和投资相比，净出口需求（特别是出口）显然是外生性更强的变量。我国出口与发达经济体经济周期相关性十分显著，很难与世界经济"脱钩"。目前一个共识性判断是，受到此轮金融危机影响，危机前那种全球失衡情形下的"大缓和"难以为继，主要发达经济体都在危机中被动地去杠杆化甚至进行深层次结构改革。这无疑对中国的净出口需求造成直接且深远的影响，预计很难恢复到危机前的状态。

从近十来年的数据来看，中国的消费需求大体是比较稳定的，最终消费支出对GDP增长的拉动往往是在5个百分点的水平上下窄幅波动。从理论解释上来看，国内学者提出了"最近的将来"收入、消费习惯等消费决定因素。但总的来看，这些因素很大程度上与社保、住房、医疗预防性储蓄动机甚至是文化传统等深层次的经济体制有关，似乎都是短期内难以发生大幅变化的经济变量。因此，从中短期来看，我们也不能期待消费能在拉动内需过程中发挥"超常"作用。

如果总需求扩张遇到现实制约，那么我们该如何应对呢？我们认为，在优化总需求管理的同时，力图从总供给寻求突破是破解当前中国经济困局的必然选择。

找寻中国供给面的突破点。

首先是推进户籍改革及社会保障，增加劳动力的有效供给。种种迹象表明我国可能正处于刘易斯拐点这一特殊阶段。我国人口"红利"看似已接近用净，但考虑到城镇化进程的不充分，劳动力供给水平仍然有较大提升空间。我国城市化率已达到50%的水平，但本地常住总人口中拥有非农业户口的人数比率仍仅有29%。大量农村劳动力进入城镇务工，但又不能获得当地户口，这为更多农业人口进入城市设置了的障碍。因此，应尽快推进户籍改革，不断提高农民工进城待遇，切实解决其医疗、社保等问题，为增加劳动力供给夯实基础，从而缓解刘易斯拐点到来时的冲击。

其次是实施减税以及税制改革，增强微观主体供给能力。在供给学派看来，减税对于提升总供给是至关重要的。从总供给-总需求框架看，它可以同时右移劳动力供给曲线和需求曲线，提升总劳动力水平。我国目前财政赤字占GDP在2%以内，远低于美、欧、日等发达地区，也低于多数新兴市场国家，因而有能力承受适度减税带来的赤字增加。另外，进一步深化分税制改革可以为减税提供制度保障。1994年到现在的十多年里，地方税体系迟迟不能成型，没有像样的大宗稳定的税源，又不能够规范地展开阳光融资，造成地方政府财权与事权不一致，最终造成地方减税动力不足。此外，中央税收收入可考虑适当向地方的倾斜，以解决地方减税后的资金短缺问题。

其三是改善资本融资方式，降低资金要素的供给成本。尽管近几年直接融资比重上升较快，但总体来看仍偏低，金融风险高度集中于银行体系。实证表明，资本市场直接融资比率的提高对经济有着积极的作用。在资本总量短期难以大幅改变的情况下，大力发展直接融资，能够发挥市场机制优势，提高资本的配置效率，增强资本在生产函数中的影响，推动总供给曲线右移。近期可以采取进一步推动面向合格机构投资者的场外债券市场的发展、继续加大银行间市场非金融企业债务融资工具市场发展和产品创新力度、积极研究资产支持票据等创新产品等措施，全方面发展直接融资，提升资金供给能力。

其四是破除垄断及推进国企改革，激发制度对供给的提升效力。在微观层面让部分企业取得超额利润的垄断，在宏观层面则损害了经济整体增长。国有经济要大幅退出经营性领域，鼓励民营企业进入，扩大相关产品供给以创造相应需求，逐步提升宏观生产函数水平。破除垄断只是恢复企业竞争机制的第一步，关键仍需对国有经济进行彻底改革。除少数需要国家垄断经营的企业外，应对绝大部分国有独资或国有控股的大企业集团实行真正的"股份制改造"，实现股权多元化，使它们成为自主经营、自负盈亏、有效治理的现代公司。

为了实现更加合意的经济均衡，避免走过度依赖投货币、上项目的老路，现阶段我国应特别强化宏观经济政策组合的力量：一方面，应继续坚持逆周期的总需求调控，但在后金融危机期间要格外注重追求投资效率、把握刺激力度，充分考虑物价对总需求扩张的敏感程度；另一方面，应试图寻求破解困局的突破点，时不我待，全方位推进总供给调整进程。总之，总需求、总供给两方面不可偏废，应加强相互协调，使之相得益彰，共同促成中国当前宏观经济困局的破解，迈向未来的可持续发展之路。

材料6　供给侧结构性改革

自2015年11月中央财经领导小组第十一次会议提出"着力加强供给侧结构性改革"以来，供给侧结构性改革已经上升为中国经济的热门话题之一。

一、为什么要推进供给侧结构性改革

需求结构已发生明显变化。一是"住""行"主导的需求结构发生阶段性变化。2013年我国城镇常住人口户均达到1套房，2014年每千人汽车拥有量超过100辆。根据国际经验，这个阶段"住""行"的市场需求会发生明显变化。2013年后，我国新开工房屋面积、住房销售面积先后出现负增长，汽车销售进入低增长阶段。二是需求结构加快转型升级。随着收入水平提高和中等收入群体扩大，居民对产品品质、质量和性能的要求明显提高，多样化、个性化、高端化需求与日俱增。三是服务需求在消费需求中的占比明显提高。随着恩格尔系数持续下降、居民受教育水平普遍提高和人口老龄化加快，旅游、养老、教育、医疗等服务需求快速增长。四是产业价值链提升对研发、设计、标准、供应链管理、营销网络、物流配送等生产性服务提出了更高要求。

供给侧明显不适应需求结构的变化。一是无效和低端供给过多。一些传统产业产能严重过剩，产能利用率偏低。2015年钢铁产量出现自2000年以来的首次下降，水泥产量出现自1990年以来的首次负增长。二是有效和中高端供给不足。供给侧调整明显滞后于需求结构升级，居民对高品质商品和服务的需求难以得到满足，出现到境外大量采购日常用品的现象，造成国内消费需求外流。三是体制机制束缚了供给结构调整。受传统体制机制约束等影响，供给侧调整表现出明显的黏性和迟滞，生产要素难以从无效需求领域向有效需求领域、从低端领域向中高端领域配置，新产品和新服务的供给潜力没有得到释放。

推进供给侧结构性改革是供需结构再平衡的内在要求。供需结构错配是我国当前经济运行中的突出矛盾，矛盾的主要方面在供给侧，主要表现为过剩产能处置缓慢，多样化、个性化、高端化需求难以得到满足，供给侧结构调整受到体制机制制约。需求管理政策重在解决总量问题，注重短期调控，难以从根本上解决供需结构性矛盾，也难以从根本上扭转经济潜在产出水平下行趋势。当前，只有加快出清过剩产能，处置"僵尸企业"，推进资产重组，培育战略性新兴产业和服务业，建立有利于供给侧结构调整的体制机制，才能实现更高水平的供需平衡，增强我国经济持续健康发展的内生动力。

二、推进供给侧结构性改革要突出问题导向

着力减少无效和低端供给。产能过剩、库存过大是无效和低端供给的集中表现。2015年底，我国钢铁产能利用率已降至70%左右，煤炭产能利用率还要更低一些，产能过剩问题十分突出；商品房待售面积达7.2亿平方米，创下历史新高，尤其是三四线城市库存压力很大。过剩产能和积压的库存沉淀了大量的厂房、土地、设备和劳动力等生产要素，使得要素无法从过剩领域流到有市场需求的领域、从低效率领域流到高效率领域，降低了资源配置效率。去产能、去库存是减少无效和低端供给、提高经济运行效率的根本举措。

着力扩大有效和中高端供给。有效和中高端供给不足是导致国内消费外流、消费潜力难以释放等问题的主要原因。2015年我国居民出境超过1.2亿人次，境外消费达到1.5万亿元人民币，其中至少一半用于购物，而且购买的商品层次呈下移

态势，从以往的高档奢侈品转向性价比高的日用消费品。这反映了我国供给体系和产品品质明显不适应市场需求变化，不适应居民消费结构升级的要求。必须通过供给侧结构性改革，提高供给的适应性和灵活性，提升有效供给能力。

着力推进体制机制改革。当前，行业准入限制阻碍了生产要素在行业间和行业内的自由流动；"玻璃门""弹簧门""旋转门"增大了民营企业进入障碍；金融市场不完善，降低了资金配置效率；市场诚信体系不健全、消费者权益得不到充分保护，致使消费者"用脚投票"，转向境外消费市场；知识产权保护不力，抑制了企业技术创新潜力的释放。推进供给侧结构性改革，可以打通要素流动和再配置的通道，使生产要素从无效需求流向有效需求领域、从低端领域流向中高端领域，进而提高要素配置效率。

三、推进供给侧结构性改革仍要做好需求管理

供给和需求是宏观经济管理的两个方面。供给和需求是对立统一的，保持总供给和总需求的动态平衡是经济增长的重要条件。供需不平衡、不协调、不匹配，会导致资源错配和结构扭曲，影响经济增长的可持续性。推进供给侧结构性改革并不意味着放弃需求管理。需求管理重在短期调控，重在引导市场预期。在国际金融市场动荡不定、国内面临经济下行压力的背景下，做好需求管理可以改善市场预期，增强人们对经济的信心，避免经济下行与市场悲观预期形成相互循环的放大效应。

供给侧结构性改革离不开需求管理的配合。充分发挥需求管理的"稳定器"作用，可以避免经济增速短期快速下行激化各种矛盾和潜在风险，避免增大改革的难度和成本。当前，要把握好供给侧结构性改革的时间窗口，根据改革的总体部署、时序安排和推进节奏，拿捏好需求管理的尺度，营造稳定的宏观经济环境，为改革有序推进创造条件。

供给侧结构性改革也能发挥提振需求的作用。当前，供给侧结构性改革的主要任务是去产能、去库存、去杠杆、降成本、补短板，最终落脚点是实现更高水平的供需平衡。比如，房地产"去库存"政策中的保障房货币化，在棚户区改造中以货币化形式鼓励搬迁住户购买存量房以及降低商品房首付比例等，在去库存的同时将拉动装修和家电等相关消费。"补短板"可以通过对贫困地区和农村地区增加投入、改善基础设施和公共服务等来带动投资和消费需求增长。供给侧结构性改革还可以通过产品和服务创新提高产品品质和质量，吸引和创造更多的国内外需求。

材料7　战争与经济

提起战争的影响，大部分人脑袋里冒出来的画面都是满目疮痍、民不聊生，当然也不乏趁火打劫、发战争财的，但是如果提起战时的股票市场，很多人都会跟我一样觉得："肯定跌呀。"

1991年1月17日第一次海湾战争开始的当天，华尔街股市就迎来了一个反弹高潮，各项指数全线飙升，当日，道指即劲升114.8点，创下多年来最高纪录，次日又涨了1个百分点，在其后的一年内，道琼斯指数共上涨了25%。2003年3月20日第二次海湾战争爆发后，其后一年时间，纳斯达克上涨了36%，道琼斯指数亦上涨逾20%。

"大炮一响，黄金万两"。震惊世界的"9.11"之后，美英两国对阿富汗发动了军事打击。战争对经济产生了一些积极影响：不少人希望美国军火商能得到大量的坦克和飞机订单，军事支出的增加，引起总需求的增加，就业情况也会因许多人应征上前线而得到缓解，美国股市乃至经济借此一扫晦气。

分析认为，此次战争对美国经济的影响与越战和海湾战争不同。20世纪60年代末期，联邦政府的巨额国防开支和非国防开支，使本来已很强劲的私营部门总需求进一步增强，并积聚了很大的通货膨胀压力，这种压力在整个70年代也未能得到充分缓解。此后一直到80年代末期，大部分经济决策的主要任务就是抑制通货膨胀。相反，海湾战争却引发了一次经济衰退，这是"沙漠盾牌行动"初期消费者信心急剧下降所导致的结果。但由于当时军队所需的大部分物资并不是依靠投资在未来实现的，所以并没有产生通货膨胀。

但阿富汗战争同以往迥异。首先，不太可能像海湾战争那样动用大规模地面部队。更重要的是，这场对抗隐蔽敌人的战争将主要非常规手段进行，与此相关的国防资源大多是军备库存中所没有的，需要新的开支计划，这对经济中的总需求产生积极的影响。

材料8　石油危机的影响

第一次石油危机1973-1975：经济和政治因素都在这轮石油危机中扮演重要角色。

经济层面来看，产油国与西方石油垄断公司的利益冲突是第一次石油危机爆发的主要原因。由于国际石油垄断公司对油价的控制，油价这段时间以前长期维持在1-3美元左右，产油国对资本主义旧的石油体系长期低价的不满与西方石油公司不肯让步，使得双方的矛盾日益尖锐。

政治层面来看，这次石油危机根本原因是阿拉伯国家主要想利用石油武器，要求美国等放弃对以色列的支持立场，迫使以色列退出占领的阿拉伯国家领土。

1973年10月6日，第四次中东战争爆发，10月14日美国公开向以色列空运武器、19日向以色列提供22亿美元的军事援助，此后阿拉伯国家开始实施一系列削减产量、石油禁运措施将石油危机推向高潮。

第二次石油危机1979-1980：在这一轮石油危机中，一方面是战争导致的被动供应减少的客观因素，1978年底伊朗爆发"伊斯兰革命"，导致供给的严重不足，油价从13美元/桶一路攀升到34美元/桶，1980年9月22日，"两伊战争爆发"，产油设施遭到破坏，市场每天有560万桶的缺口，国际油价一度攀升到41美元/桶。

另一方面，市场的心理预期也扮演了重要的推动作用。1978年洛克菲勒基金会在报告中称"世界将逐渐经历石油的长期紧张，甚至是严重的不足"，使得市场对油价上涨的预期不断升温。石油公司开始囤油，个体消费者开始抢油，推动原油供给每天约减少300万桶，原油需求每天增加300万桶。心理预期的自我实现推升油价加剧上涨。

第三次石油危机1990-1992：同样因为战争，1990年，伊拉克对科威特发动海湾战争，两国石油设施遭到严重破坏，石油产量骤降。8月初，伊拉克占领科威特之后，受到国际经济制裁，石油供应中断。仅仅3个月的时间里，国际油价从14美元/桶急剧攀升至42美元/桶，石油危机爆发。随后美国经济在1990年第三季度陷入衰退，拖累全球经济增长。

不过相比于前两次石油危机，这次石油危机的影响并没有那么大。一方面是战争维持时间没那么长，主要作战时间在一个月左右，同时，世界其他国家的产油水平也在不断提升，另一方面，国际能源署（IEA）充分的紧急预案也发挥了关键作用。

第一次石油危机期间，世界原油均价将近翻了四倍，美国GDP不变价同比从5.60%降为-0.50%，制造业总产值增长率从1972、1973年10%以上的高增长滑落至1974、1975年的4.21%和5.23%；日本经济遭到更为严重的冲击，GDP不变价同比由1973年的8.03%降至1974年的-1.23%，大幅下降9.26个百分点。

第二次石油危机期间，美国GDP由1978年的5.5%到1980年降为-0.30%，两伊战争之后美国GDP从1981年的2.5%降低到-1.80%，制造业总产值同比下降0.23%；日本由于严格控制通胀以及汽车产业的获益，避免了大幅冲击，GDP不变价同比由1979年的5.48%到1980年降为2.82%。

第三次石油危机期间，由于各国开始加强对石油产业及替代能源的发展，加上这次石油危机持续时间相对较短，因此对美日经济冲击较小。

材料9 谁推动了20世纪90年代美国的总需求?

克林顿总统把1996年美国经济的明显回升和活跃归功于自己,但分析家则认为应主要归功于消费者。

在1996年的大部分时间里,美国人慷慨地支出于住房、汽车、电冰箱和外出吃饭,这使得在1月份时看来有停止危险的经济扩张又得以持续下去。在这一过程中,消费者基本上没理会过分扩大支出的警示信号。经济学家说,在星期五公布惊人强劲的数据中,消费者的无节制支出是主要力量。劳工部估算,经济创造了23.9万个就业计划,远远大于预期的水平。使这个月成为连续第5个月强有力的就业增加。现在的失业率为5.3%,是6年来的最低水平,而且经济增长如此迅速,以致于又开始担心通货膨胀。

在各个行业中,就业增加最大的是零售业,它在6月份增加了7.5万个就业机会,其中有将近一半是餐饮业创造的。在汽车、中间商、加油站、旅馆和出售建筑材料及家具的商店中,工作岗位的增加也是强劲的。但是,消费者这种无节制的支出方式能够持续多长时间,仍然是一个有争议的问题,而且,当联邦储备委员会的决策者在决定是否要提高利率,以便使经济的加速不至于引起通货膨胀加剧时,这也是个至关重要的问题。一些经济学家认为,消费者已经积累了如此巨大的债务,以致于他们被迫在随后的几年里放慢支出,这会引起经济增长放慢,在1996年第一季度,信用卡逾期不能付款的情况已达到1981年以来的最高水平,而且个人破产从1995年前3个月以来已达到15%⋯

大多数经济学家还一致认为,1996年支出迅速增加主要是由暂时的因素引起的,如低利率、高于预期水平的退税以及汽车制造商的回扣等。而这些因素已经改变或不存在确定消费者支出过程中的一个无法预料的事是股票市场,股票市场使较多消费者感到可以有持续的高涨。经济学家多年一直在解决市场投资的纸面获益能在多大程度上引起消费者支出更多这个问题,而且,他们仍然没有得出一个一致的答案。但是,他们说,近来年的牛市给消费者更多地支出提供了某种刺激。

材料10 奥运给经济带来什么?

1984年,美国商界奇才尤伯罗斯创造性地将奥运和商业紧密结合起来,使当年的洛杉矶奥运会成为"第一次赚钱的奥运会"。打那以后,原本都是"赔本赚吆喝"的奥运会迸发出一种"镶金边儿的日子变成钱"的超能力。于是,"奥运经济"这个概念出现了。

2001年7月13日，北京申奥代表团在莫斯科进行最后的陈述。申奥形象大使、著名运动员邓亚萍在陈述报告中说："在悉尼火炬接力的时候，有一个小男孩向我走来，当他摸到火炬的时候，他的眼睛一下子亮了，我能感觉到在那个时候，他的一生发生了变化……"有人将邓亚萍的这句话归纳为：奥运能够改变人的一生。更有人据此引申道：奥运不仅能够改变一个人，也能改变一个企业，改变一个城市，乃至改变一个国家！

两天后——2004年8月13日，第28届奥运会将在雅典举行。2008年，第29届奥运会将在北京举行。越来越多的中国人能够感受到奥运会离中国是那么的近。而奥运经济，在我们的社会生活中已经变得无处不在。

一份权威报告表明，1984年洛杉矶奥运会为南加利福尼亚地区带来了32.9亿美元的收益；1992年巴塞罗那奥运会给加泰罗尼亚地区带来了260.48亿美元的经济效益；1996年亚特兰大奥运会为佐治亚州带来了51亿美元的总效益；2000年悉尼奥运会给澳大利亚和新南威尔士州带来了63亿美元的收益。

那么，奥运将给中国经济带来什么？

2001年7月13日北京申办第29届奥运会获得成功。四天后，国家统计局新闻发言人叶震指出，北京申奥成功将在今后7年内平均每年拉动中国ＧＤＰ增长0.3到0.4个百分点；时隔一天，北京市统计局称，举办奥运会将对北京每年的经济增长产生2个百分点以上的拉升作用。

著名的投资集团——美国高盛研究机构的预测数字显示：北京成功申办第29届奥运会，将使得中国ＧＤＰ在7年间的增长率提高0.3％－0.5％。

国家体育总局体育科学研究所一位权威人士认为：2008年奥运会对经济的有形影响主要表现在拉动投资需求、消费需求和扩大就业3个方面。

从投资看，2008年北京奥运会的奥运设施建设投资将达到2800亿元，而整个社会的相关投资总额将达到15000亿元。

从消费需求看，大量的新增投资将主要用于购买北京地区的产品和服务，这种大规模的集团购买将对北京地区很多行业的中间产品和最终产品的消费形成刺激，其中对建筑、交通、邮电、通讯、旅游、餐饮等行业的拉动作用会更大。

从扩大就业看，汉城奥运会增加就业岗位近30万个；悉尼奥运会到1999年就已经增加了15万个就业岗位。专家分析，北京由于劳动生产率、资本和技术密集程度以及劳动力价格都低于发达国家的奥运会主办城市，因此奥运会在增加就业机会方面要超过其他举办城市。如果按北京承办奥运会新增投资1000亿元，且每10万元投资能新增1个就业机会计算，则这届奥运会将产生100万个就业机会。

中央电视台广经中心副主任兼广告部主任郭振玺接受记者采访时透露，中央电视台2004年雅典奥运会的电视广告资源销售热度和供不应求程度已经超出了

2002年世界杯，今年中央电视台的奥运会广告收入将至少比2000年悉尼奥运会增加2倍，总额超过5亿元。

据悉，本届奥运会期间中央电视台的客户总量与上届奥运会相比，有大幅上升，涉及到各行各业，如通讯、汽车、润滑油、家电、食品饮料、服装、电脑、手机、药品等等。另外，客户的预算和投放量有普遍增大，投放达5000万以上的有多家，1000万元以上企业更是达到二三十家之多。

材料11　北京冬奥会

有研究显示，奥运会是全球各国举办最烧钱的大型赛事之一。该研究发现，举办奥运会所花费的体育相关项目费用平均为120亿美元，相当于700多亿人民币，而非体育相关项目的费用更是其几倍之多。那我国为何要举办冬奥会呢？这就不得不提冬奥会背后的大国战略了。

首先，举办冬奥会可以带动冰雪产业链的发展。在过去很长一段时间里，冰雪运动是我国一项专业且小众的运动。但自从北京成功申办冬奥会以来，冰雪运动逐渐变成了大众时尚的一种生活方式。大量参与的人群，促进了冰雪装备市场的繁荣，也推动了相关基础设施的建设。第二点就是冬奥会推动了科技的飞速发展，其标志性的场馆是国家速滑馆，它最特别的黑科技，就是采购世界最环保、最先进二氧化碳的制冰技术。最后，有数据估计，北京奥运会让中国旅游业至少受益十年。更重要的是，冬奥会后，这些技术和相关产业必将发挥辐射带动作用，拉动中国经济朝更高的目标迈进，这就是冬奥会背后的大国战略。

冬奥会给我国经济带来哪些影响呢？

第一，体现在经济效益层面的影响：冬奥会可以通过三方面效应的力量，为我国带来经济效益。一是直接经济效应，包括企业赞助、电视转播带来的收入、各类奥运纪念品的销售收入等，这部分几乎占据了历届奥运会总收入的半壁江山。二是间接经济效应，包括用于比赛设施建设、城市交通环保等项目上的各种投资，可以对众多上下游产业形成拉动作用，进而促进国民经济整体的增长。三是衍生经济效应，即奥运会可以充分彰显举办国的综合实力，能够持续吸引全球各地的游客前来观光，并带动旅游、交通、购物、餐饮等诸多行业的繁荣。

第二，体现在对区域发展层面的影响：通常来说，冬奥会对于举办地经济的带动作用具有明显的区域性特点，即对举办城市及其周边都会带来不少好处。有数据显示，1992年巴塞罗那奥运会的成功召开，直接给加泰罗尼亚地区创造了260.48亿美元的经济效益。此次冬奥会除了北京这个"双奥之城"外，在推动京津冀协同发展方面也起到了极大的推动作用。

第三，体现在对体育产业层面的影响：每一次奥运盛会的筹办，都会极大地带动体育产业的发展。而对于北京冬奥会来说，最大的受益者莫过于冰雪产业。正如上文说的，推动冰雪产业链的发展，不仅能推动消费、扩大需求、促进投资、增加就业，还可以为发展城市旅游业与对外开放创造条件，继而带来大量的人流、物流、资金流和信息流，对经济发展的重要性不言而喻。

当然，北京冬奥会的价值和意义绝不仅仅体现在经济层面。奥运会是体育盛会也是文化盛会，是世界各民族文化交流互鉴的平台。北京冬奥会向世界生动展示了博大精深的中华文明，展开了一幅幅中华文化与奥林匹克精神交相辉映的美丽画卷。

案例思政元素讨论分析

1、消费在推动经济增长方面扮演着什么样的角色？

2、经济体繁荣的功劳是消费者吗？投资者吗？战争吗？

3、如何从总需求理论理解举办奥运会可以赚钱？

参考文献

1、陈听雨.债务危机改变欧美消费理念［EB/OL］.中国证券报，2010.5.22

2、闫佳佳，石丹.国新办发布：2022上半年每天存入570亿元！中国居民储蓄意愿增强［EB/OL］.BMR商学院，2022.7.29

3、"十四五"时期全国新基建投资规模或超过15万亿元 各地加速布局 新基建成稳经济新引擎［EB/OL］.中国商报，2022.7.29

4、时斓娜.10年来我国投资规模不断扩大［EB/OL］.中国青年网，2022.9.28

5、十年间进出口增长超56% 双向投资稳居世界前列［EB/OL］.经济参考报，2022.10.12

6、伍戈.总需求制约与总供给改善［EB/OL］.上海新金融研究院，2012.12.3

7、王一鸣，陈昌盛，李承健.正确理解供给侧结构性改革［EB/OL］.人民日报，2016.3.29

8、张满银.宏观经济学——原理、案例与应用［M］.机械工业出版社，2018年

9、历史上的三次石油危机是如何影响产业链的？［EB/OL］.华尔街见闻，2022.3.7

10、张淑云.西方经济学教程［M］.化学工业出版社，2004年

11、奥运给经济带来什么？［EB/OL］.华尔街见闻，2022.3.7

12、此次奥运会，将给我国经济带来哪些改变？［EB/OL］.首经贸经济学院，2022.3.24

第三章 宏观经济政策

宏观经济政策是指政府有意识、有计划地运用一定的政策工具，调节控制宏观经济的运行，以达到一定的政策目标。

材料1 中国的货币政策

货币政策与每一个家庭、每一家企业息息相关，关乎广大人民群众的切身利益。"最重要的就是守护好老百姓手里的钱袋子，不让老百姓手中的票子变'毛'了，不值钱了；让广大人民群众分享国家经济发展的好处，收入稳步增长。"人民银行指出，这也是中国人民银行法赋予货币政策"保持货币币值的稳定，并以此促进经济增长"的法定目标。近年来，我国立足国情，坚持实施稳健的货币政策，管住货币"总闸门"，不搞大水漫灌，守护好老百姓的钱袋子。同时，发挥好货币政策总量调节和结构调节的双重功能，前瞻性加强跨周期调节，有力促进稳增长、稳物价、稳就业和国际收支平衡。

稳字当头 抑制汇率大起大落

"千招万招，管不住货币都是无用之招。"近年来，人民银行根据经济金融形势变化，科学把握货币政策力度，既保持流动性合理充裕，促进货币供应量和社会融资规模合理增长，又坚决不搞"大水漫灌"，将经济保持在潜在产出附近，减少经济波动。人民银行公布的数据显示，2012年以来，广义货币供应量（M2）年均增速10.8%，与名义GDP年均增速基本匹配，有力地推动了国民经济稳健发展。新冠肺炎疫情发生后，我国坚持稳健的货币政策取向，保持货币政策在正常区间，是全球主要经济体中少数实施正常货币政策的国家。

"通过坚持实施稳健的货币政策，不搞'大水漫灌'，可有效避免高通胀和严重的资产价格泡沫，保障低收入群体增加收入及财富保值增值。"人民银行研究局局长王信说。专家认为，正是因为货币政策保持了定力，把好了"总闸门"，我国才能够在当前全球高通胀背景下保持物价形势总体稳定，支持宏观经济大盘稳定。国家统计局日前公布的数据显示，2022年1-9月平均，全国居民消费价格比上年同期上涨2.0%，保持在全年CPI预期调控目标之下。

纵观全球，成功经济体必须保持币值稳定，这不仅包括国内物价水平的稳定，也包括汇率的基本稳定。"若汇率发生较大幅度贬值，即便国内生产总值的本币价值上升，也会影响本国在国际竞争中的地位和老百姓的对外购买力。"人民银行行长易纲说。人民银行近日重申，将综合施策，稳定预期，坚决抑制汇率大起大落，保持人民币汇率在合理均衡水平上的基本稳定。事实证明，在过去几年多轮重大冲击考验中，人民币汇率均能迅速调整，并在较短时间内恢复均衡。

创新不辍 提高调控质效

从全面降准降息，到定向降准降息，再到运用结构性工具精准滴灌……近年来，我国货币政策调控工具手段不断丰富，一系列货币金融政策密集落地，及时精准惠及重点领域和薄弱环节，服务实体经济的能力持续增强。据统计，2018年以来，人民银行共13次下调存款准备金率，释放长期资金10.8万亿元，支持金融机构加大对实体经济信贷支持力度。同时，人民银行新创设了十余种结构性货币政策工具，仅2022年以来就新设立四种，发挥了货币政策工具总量调节和结构调节的双重功能。

赋能实体 稳定宏观经济大盘

"经济兴，金融兴；经济强，金融强。"着眼当下，确保经济运行在合理区间是突出任务。专家认为，我国金融服务和金融管理质效不断提升，政策潜力依然较大，保持经济运行在合理区间、推动经济高质量发展具备诸多有利条件。一方面，实体经济融资成本仍有下行空间。今年以来，金融管理部门多次推动降低实体经济融资成本，中期借贷便利（MLF）利率和贷款市场报价利率（LPR）均有所下行。人民银行披露的数据显示，2022年8月末，企业贷款平均利率4.05%，为有统计以来最低值。东方金诚首席宏观分析师王青认为，持续引导5年期以上LPR下降是推动居民中长期贷款修复的关键。另一方面，各项结构性货币政策工具潜力仍有待挖掘，后续可加快相关工具运用，推动贷款投放，在精准滴灌实体经济的同时，促进信贷总量稳定增长，助力经济运行在合理区间。光大证券首席固收分析师张旭认为，当前金融对实体经济支持是牢固的，未来信贷增长的稳定性和质量都将在前期的基础上持续改善。"无论是全部信贷增量还是企业中长期贷款增量，其变化均具有一定趋势性，目前正处于或即将进入上行的通道中。"

材料2　美国的货币政策

中央银行作为法定货币的发行方，基本的职责就是保证物价和币值的稳定，最忌讳无限度的法定货币，导致商品市场物价奇高，金融市场泡沫横飞。从货币政策完整性的角度来说，有宽松的货币时期，就一定有紧缩的货币时期；有降息的时候，就应当有加息的时候。如果只会开动印钞机，不会缩减资产负债表，那么该央行所发行的货币早晚变成一堆废纸。

最近十年里，美联储历史上出现过两次极端的货币宽松政策，一次是在伯南克执掌美联储时；一次是鲍威尔执掌美联储时。伯南克的任期是2006-2014年，这八年时间里，国际金融市场先后经历次贷危机和欧债危机的洗礼，伯南克执掌的美联储之所以会选择进行三次规模空间的量化宽松政策（QE），就是基于这两次严重的风险事件。鲍威尔的任期自2018年开始，为期四年，至2022年才会卸任。如果其能连任，则任期将延长至2026年。2020年全球爆发新冠肺炎疫情，以美国为首的西方国家政府应对疫情不力，导致累计确诊人数和累计死亡人数不断创出新高。在2020年3月份，美联储13天内两次降息，3日降息50基点，15日降息100基点，将美国基准利率从1.75的高位，迅速压低至0.25%的水平。由于次贷危机的影响，美联储基准利率从2007年的最高点5.25一路下降至2008年末的最低点0.25%。按照美联储习惯性的会被利率设定为一个区间，所以2008年末的区间利率是0%-0.25%，也就是实际上的零利率。

新冠肺炎之前，美联储基准利率为2.25%，新冠肺炎爆发后，美联储连续降息两次，最终的利率达到0%-0.25%区间，成为实际上的零利率。可以看出，当面临重大经济危机时，美联储的首选做法就是快速、大幅降低基准利率。低利率可以减轻企业的融资压力、推高金融产品价格、鼓励民众贷款消费，一箭三雕。但是，利率调整也有极限。在触及零利率时，继续降息的意义就不大了。虽然日本和欧元区已经采取了负利率，但显而易见的，没有对经济的复苏起到显著的支撑作用，反而对银行业形成沉重打击。在利率调整失效的前提下，美联储主席们纷纷将目光转到了量化宽松上面。简单来说，量化宽松就是中央银行开动印钞机印钞，然后用印出的钞票购买政府发行的国债。QE举措主要是为了增加市场的流动性，因为央行通过债券购买，超额的货币既可以流入财政部手里、又可以流入银行手里。财政部有了资金，可以加大财政支出，提振经济；银行有了资金，就可以继续想企业和个人提供源源不断的贷款额度。美联储的印钞机是源头活水，政府、银行、企业、消费者是下游"饥渴难耐"的苗圃。

2020年1月份，美联储的资产负债总额为4万亿美元，现如今美联储的资产负债总额为 7.5 万亿，将近翻了一倍。与此同时，美国的 M2 增速也达到了 25.81% 的历史最高值。需要说明的是，M2 增速是衡量一个国家货币总量增速的月度指标，该指标在鲍威尔实施"无上限"的量化宽松之前为 6.789%（2020 年 2 月份数据）。畸形上涨的曲线表明美元正在全世界泛滥，美元指数也因此从最高点 103.82 一路下跌至最低点 89.2，跌幅高达 14.08%。

材料 3　美国的财政政策

新冠肺炎疫情暴发后，作为拉动世界经济增长的一大引擎，美国出台了一系列法案，采取了针对家庭和个人、企业、产业、地方等的财政政策进行援助，并希望通过基础设施建设创造更多就业岗位，以稳固并促进本国经济增长。主要包括《2021 年美国救援计划》（ARP）、《基础设施投资和就业法案》（BFI）以及正在推进的《重建美好未来法案》（BBB）等。

《2021 年美国救援计划》（ARP）2021 年 3 月经美国总统拜登签署后正式成为法律，2022 年 6 月再增加投入 250 亿美元支持本国经济复苏，用于互联网等基础设施改造。

（1）援助家庭和个人方面，为符合条件的个人提供 1400 美元，为联合申报的已婚夫妇提供 2800 美元的资金补助；从 2021 年 3 月开始，延长失业补偿金申领期限，并给予联邦所得税优惠；实行儿童税收抵免，提高税收抵免金额（符合条件的 6 岁以下儿童税收抵免金额为 3600 美元），由美国国税局及财政服务局预付儿童税收抵免额等。（2）在住房方面，由财政部向符合条件的房东、公用事业和租房者提供 215.5 亿美元的紧急租房援助资金（ERA）。（3）在支持小微企业方面，实行小企业税收抵免，将带薪休假抵免时间延长至 2021 年 9 月，企业为生病或隔离的员工提供带薪休假，每季度可进行最高每人 5000 美元的税收抵免；法案重新授权并资助州小企业信贷倡议（SSBCI），向各州、领地及部落政府提供总计 100 亿美元的资金，支持小企业的信贷和投资计划等。（4）在对州、地方、部落政府的资助方面，设立 3500 亿美元州和地方财政恢复基金（SLFRF），2022 年 6 月 1 日财政部更新该基金的《最终规则概述》，包括通过 1000 万美元的收入损失标准津贴，为数千名收款人简化流程等；为各州、领地和部落提供 99.61 亿美元房主援助资金（HAF），用于援助抵押贷款、房主保险、水电费等公用事业付款和其他指定用途；通过资本项目基金（CPF）提供 100 亿美元，用于关键的连接性投资，如宽带基础设施的扩展，以实现工作、教育和健康监测便利。

《基础设施投资和就业法案》（BFI）。2021 年 11 月，美国总统拜登签署正式文件成为法律。该法案包括 5 年内为美国基础设施提供 5500 亿美元的新增支出，支出总规模为1.2万亿美元。其中明确指出，1100亿美元用于道路和桥梁、390亿美元用于公共交通、660亿美元用于铁路、550亿美元用于污水处理设施，以及数十亿美元用于机场、港口、宽带互联网和电动汽车充电站的建设，美国白宫预计，该法案将在未来10年平均每年增加150万个工作岗位。

推进中的《重建美好未来法案》（BBB），该法案主要涉及税收减免、医疗保健、儿童护理、住房、环境、税收等方面的政策。（1）在税收减免方面，扩大的儿童税收抵免将再持续一年；为所有3—4岁儿童提供普遍的学前教育，并为较贫穷和中等收入的美国公民提供托儿补贴；将为高等教育和劳动力发展提供400亿美元的资金。（2）在医疗保健方面，1500亿美元用于支持家庭保健的医疗补助计划，900亿美元用于投资孕产妇保健、弱势农民、营养和大流行病储备等，老年人自付医疗保险的部分费用将被限制在2000美元等。（3）在住房方面，1500亿美元将用于住房的可负担性，目标是建造超过100万套新的出租房和独户住宅，通过提供租金和首付援助来减少房价压力。（4）在环境保护和气候变化方面，提供大量面向消费者的退税和税收抵免，降低中产阶级家庭转向使用清洁能源和电气化的成本；同时大力促进美国清洁能源技术与产业的发展，创造高质量就业岗位。

材料4　美国的财政状况

数据显示，截至2022年10月3日，美国未偿联邦政府债务余额约为31.1万亿美元，其中公众持有的债务约24.3万亿美元，政府间债务约6.8万亿美元，已大大超过美国去年全年约23万亿美元的国内生产总值。

据美国彼得森基金会（Peter G. Peterson Foundation）的统计，31万亿美元债务比中国、日本、德国、英国的经济体量总和还多。将这巨额债务分摊到美国民众身上，则相当于每个家庭负债23.6万美元，每人负债9.3万美元。如果每个美国家庭每月贡献还款1000美元，则需要19年才能还清所有债务。

近年来，美国联邦政府债务规模已经多次出现逼近甚至达到债务上限的情况。2021年10月底，美联邦政府已触及当时28.9万亿美元的债务上限。此后，美国财政部采取非常规措施，避免出现债务违约。直至2021年12月，美国国会通过立法，提高债务上限至31.4万亿美元，此后，美国联邦政府的债务规模继续上升。2022年2月1日，美国财政部公布的报告显示，美国国债总额首次突破30万亿美元。而眼下，美国国债再次面临突破上限的风险。据悉，债务上限是美国国会为联邦政府设定的为履行已产生的支付义务而举债的最高额度，触及这条"红线"，意味着美国财政部借款授权用尽。美国国会1917年首次设立债务上限制度，旨在定期检视政府开支状况。自二战结束以来，美国国会已修改债务上限98次，其中大部分是上调。

材料5　减税降费

现代税收制度改革是党的十八大以来最重要的财政体制改革措施之一。与税收制度改革相适应的减税降费政策，是当前应对经济下行压力的重大政策抉择。2008年以来，我国的减税改革经历了"结构性减税"（2009年）、"结合税制改革完善结构性减税政策"（2013年）、"定向减税和普遍性降费"（2015年）、"普惠性减税与结构性减税并举"（2019年）、"坚持阶段性措施和制度性安排相结合，减税与退税并举"（2022年）等演变过程，其历时之长、规模之大举世罕见。2019年实行个税改革后，前10个月便实现人均减税1786元，惠及2.5亿纳税人；"十三五"期间我国累计减税降费超过7.6万亿元，2021年新增减税降费超1万亿元，仅小微企业就惠及超过2000万户。总体来看，我国减税降费政策在减税目标、减税对象和减税方式上体现出了独特优势。

从推进国家治理体系和治理能力现代化的角度来看，我国减税降费政策体现出两个特征：一是服务国家战略发展需要，二是充分保障逆周期与跨周期调节的相互协调。

首先，服务于国家战略发展需要，即通过减税降费为实施创新驱动发展战略、促进产业升级、关键核心技术突破等提供支持。近年来我国不断加大研发费用加计扣除、高新技术企业税收优惠、固定资产加速折旧等政策的落实力度，并取得了明显成效。"十三五"时期，我国鼓励科技创新税收政策减免金额年均增长28.5%，累计减税2.54万亿元，有力降低了企业研发成本，增强了企业创新动能。通过结构性减税，激励企业技术创新，推动设备更新和新技术利用，为完善国家创新体系奠定了基础。

其次，在实施短期"逆周期调节"的同时，亦兼顾了"跨周期调节"的需要。这体现在两个方面：一是通过实施阶段性税收缓缴，为跨周期调节储备了政策空间。比如，2021年末国务院决定对第四季度部分制造业企业实行部分税种的阶段性税收缓缴。这种跨期调剂的措施，保障了市场运行，为2022年的减税降费预留了空间。二是我国在实施减税降费的同时，通过不断完善财税制度及其长效机制，为跨周期调节确保了必要的财力。例如，我国推行"营改增"后，在2016年迅速制定了中央与地方增值税收入划分"五五分享"的过渡方案，并在2019年规定维持"五五分享"。这一举措在一定程度上维持了地方政府财力，确保地方政府有适当财力实施逆周期与跨周期调节。

我国减税降费政策强调在分配环节"分好蛋糕"，保障中低收入群体的基本生活需要，促进社会公平。通过个人所得税改革，提高免征额并逐步新增涉及基本民生支出的扣除项，为低收入群体减轻税负压力并缩小收入差距。这些减税措施通过提高"累进"程度和保障基本生活，推动实现"调高、扩中、提低"的目标，使分配结构进一步优化。对于低收入群体而言，提高免征额和增加专项抵扣考虑了其生活负担，有助于促进低收入者向上流动。对于中等收入群体，对综合所得课税的改革有利于提高纳税人的实际收入水平，降低工薪阶层的实际税负，促进税收公平性，进而为"扩中"奠定基础。

除了"分好蛋糕"，我国的减税降费政策也为"做大蛋糕"提供了支持。减税降费政策的重点对象是小微企业。一直以来，我国对小微企业的税收优惠政策力度不断扩大，在企业所得税方面，多次扩大小微企业优惠政策的使用范围；在增值税方面，不断为小规模纳税人提供免征、减计的优惠政策。我国的减税降费政策采取了普惠性减税和结构性减税并举的组合方式，旨在确保全部行业都能受益。2019年政府工作报告强调"普惠性减税和结构性减税相结合"，要求"所有行业税负只减不增"，对各类行业、企业进行"一视同仁"式的减税。这种让利于全体人民的举措，有助于促进全行业通力合作"做大蛋糕"，推动共同富裕。

近年来，我国大幅取消行政事业性收费，对市场主体进行减负，取消、免征或降低中央级与省（区、市）级设立的多项行政事业性收费。这些措施进一步厘清了政府与市场主体之间的关系，降低了企业的费用负担，减少了行政事业收费对市场造成的扭曲，为推动建立国内统一大市场奠定了基础。2021年，财政部持续推进"放管服"改革，实现非税收入收缴"跨省通办"，在税费征收管理与服务方面更加科学、便捷、法治，进一步优化了营商环境。

材料6 转移支付

2022年，中央财政安排的对地方转移支付有两大特点：一是规模大，二是增幅高。从规模来看，2022年中央对地方转移支付近9.8万亿元，规模为历年来最大；从增幅来看，2022年中央对地方转移支付比上年增加约1.5万亿元，增长18%，增幅为近年来最高。在转移支付"总盘子"中，中央财政安排支持基层落实减税降费和重点民生等转移支付预算1.2万亿元。

最新统计显示，2022年上半年，全国一般公共预算支出增长5.9%，高于财政收入增幅。民生等重点领域支出得到有力保障。其中，卫生健康、教育、社会保障和就业支出，分别增长7.7%、4.2%、3.6%。

如何才能更好地提高转移支付资金使用效益？财政资金直达机制具有"一竿子插到底"的特点，是近年来宏观调控的重要创新。今年《政府工作报告》要求，中央财政将更多资金纳入直达范围，省级财政也要加大对市县的支持，务必使基层落实惠企利民政策更有能力、更有动力。根据直达资金监控系统数据统计，截至2022年6月底，在约4万亿元直达资金中，中央财政已下达3.992万亿元，下达比例为97.9%，具备条件的资金已全部下达。

各地情况显示，直达资金惠企利民政策效果明显。例如，在保市场主体方面，各地除了通过退税减税降费等冲抵收入方式支持企业，还通过财政支出帮扶企业，相关直接惠企支出约3500亿元，惠及市场主体68万家，合计256万家次。

福建省坚持绿色发展理念，持续加大生态文明建设投入，党的十八大以来，生态保护财力转移支付年均增长15.8%，为建设绿水青山的清新福建提供了强有力的财政保障。生态保护财力转移支付制度自2012年实施以来，资金从4.46亿元增长到2021年的16.69亿元，平均增幅高于财政收入增幅。转移支付以财力方式下达给各重点生态市县区，由其统筹用于生态保护和与生态相关的支出。通过持续加大转移支付力度，福建省生态功能重要地区生态环境保护能力得到大幅度提升，基本公共服务保障水平全面提高。在加大生态保护财力转移支付力度的同时，各级财政还通过专项投入的方式，推进蓝天、碧水、碧海、净土工程建设等，为守护我省生态"高颜值"发挥了积极作用。

材料7 安倍经济学

"安倍经济学"是指日本第96任首相安倍晋三2012年底上台后加速实施的一系列刺激经济政策，最值得注目的就是宽松货币政策，日元汇率开始加速贬值。安倍晋三推出的一系列新刺激政策不仅给金融市场注入活力，也开始让企业和消费者振作起来。

安倍经济学（Abenomics）要的是创造通膨预期，当消费者预期日本物价要上涨，所以对于一些本来就要购买的商品，就会尽快地去购买，因而带动消费及投资，进而扭转日本长年消费与投资极度低迷的状况。统计发现，从安倍履行的2012年12月26日到2013年2月15日不到两个月的时间，日元对美元贬值幅度就超过8.4%。

安倍经济学有三个主轴，安倍晋三首先强势要求日本央行配合发钞。其次，安倍在2013年1月11日通过了1170亿美元，总数2267.6亿美元的政府投资。在日本政府负债余额已超过GDP200%，高于全世界任何一个发达国家的情况，这样大规模的政府举债支出，当然也是高风险。最后是日元贬值政策，自2008年9月金融海啸爆发至2012年12月，日元相对美元升值23.62%，对照韩国在同样一段期间内，仅小幅升值0.22%。

安倍晋三 2012 年底上台，次年便推出了以宽松的货币政策、积极的财政政策和结构性改革为主导的一系列经济刺激政策，安倍执政 8 年期间，日元汇率从 2012 年的 1 美元约兑换 79 日元，一路走低到 2019 年的 110 日元左右。日本企业（中国）研究院执行院长陈言说道"'安倍经济学'最重要的一个内容就是实现日元的贬值。通过各种方式让日元贬值，一方面促使在海外投资的日企重新回到日本国内，同时来促进日本的对外出口。"2022 年 10 月 20 日下午，日元对美元汇率一度打破 150 日元兑换 1 美元水平线，刷新 1990 年 8 月以来最低点。陈言认为"日本政府的支出越来越多，收入却越来越少，贸易赤字必然会导致日元的进一步下调。"因此，陈言认为，日元未来将继续深度下滑的态势，"150 点位，仅是个'经过点'"。

材料 8　产业政策

新材料产业是战略性、基础性产业，新材料产业是新一轮科技和产业变革的关键领域。过去十年，中国有数百种新材料实现产业化。在 LED、光伏、新能源汽车、半导体等新兴产业旺盛需求拉动下，在细分产业与新材料扶持政策的浇灌下，各种新材料加速发展。工业和信息化数据显示，2012 年至 2021 年，我国新材料行业产值增长 4.9 倍，年复合增长率超过 20%。

工业和信息化部表示，十年来，我国新材料产业在创新能力、产业规模、集聚效应等方面取得了长足进步。新材料产业产值从 2012 年约 1 万亿元增加到 2021 年的 5.9 万亿元，即总规模增长 4.9 倍，年复合增长率超过 20%；其在原材料工业产值的占比，提升到 15%（2012 年占比为 5%），我国已经形成了全球门类最齐全、规模第一的材料产业体系。

2016 年底，我国成立了 20 多个部门参与的国家新材料产业发展领导小组，审议推动新材料的总体发展部署、重要规划、重大政策，并协调解决重点难点问题。2017 年 2 月，我国又成立了国家新材料产业发展专家咨询委员会，以提高决策科学化、民主化水平。在国家新材料产业发展领导小组指导下，我国陆续出台了《新材料产业发展指南》、重点新材料首批次应用保险补偿机制试点、《国家新材料生产应用示范平台建设方案》、《国家新材料测试评价平台建设方案》、《新材料标准领航行动计划（2018—2020 年）》等措施，完善丰富了我国新材料产业政策体系，加强了对新材料产业发展的引导和支持。据悉，"十三五"以来，我国开展的重点新材料首批次应用保险补偿机制，已推动 190 个品种 500 亿元新材料产品进入初期市场；已经建设了新材料生产应用示范、测试评价、资源共享等三类重点新材料平台 29 个。

新材料产业发展对深入实施创新驱动发展战略，补齐产业链供应链短板，支撑新发展格局具有战略意义。未来要坚持目标导向和问题导向，持续优化新材料创新发展生态，统筹推进短板突破和材料先行，加快促进新材料产业发展壮大。

材料9　中国应对次贷危机的一揽子计划

2007年开始的美国次贷危机，到2008年演化为一场全球性的金融危机，迅速从发达国家传导到新兴市场国家和发展中国家，从金融领域扩散到实体经济领域，波及范围之广、影响程度之深、冲击强度之大，世所罕见。在国际金融危机中，中国受到了巨大冲击。从2008年第三季度开始，出口大幅下滑，经济增速放缓，不少企业停产，大批农民工返乡。

2008年11月5日，温家宝总理主持召开国务院常务会议，宣布我国将采取十大措施，在未来两年内投资4万亿元以刺激经济。随后，温家宝总理多次强调，应对危机"出手要快，出拳要重，措施要准，工作要实"。因此，我国的财政政策由"稳健"转向"积极"，货币政策由"从紧"转向"适度宽松"。2009年10月14日，央行公布数据显示，我国前三季度货币供应量增速达到29.31%，增幅比上年末高11.49个百分点；新增贷款总额共计8.67万亿元，同比多增5.19万亿元，"天量信贷"前所未有。

"四万亿计划"中1.5万亿用于铁路道路建设等基础设施建设，1万亿用于四川的灾后重建，1.14万亿用于保障性舒适住房、农村生计和基础设施，0.36万亿用于环境保护等。在四万亿中的一万亿来自中央政府财政，其他三万亿则需要地方政府自行解决。

这些政策和措施，既着眼于保增长、保民生、保稳定，又致力于实现科学发展、和谐发展，既注意保持政策的连续性和稳定性，又注意体现政策的灵活性和可持续性，为中国应对国际金融危机、保持经济平稳较快发展提供了有力保障。随着这些政策和措施的贯彻落实，中国经济形势开始逐渐好转，到2009年第三季度经济增速当季已达到8.9%，经济运行中的积极因素不断增多，在全球率先实现经济形势总体回升向好，保增长、调结构、促改革、惠民生取得明显成效。

材料10　我国个税发展史

个税最早开始于1950年1月，但由于当时实行低工资制。所以虽然设立了税种，却一直没有开征。1980年9月，国家确定将于1981年开征个人所得税，同时规定了800元为个税起征点。但当时老百姓收入普遍未达到800元起征点，所以那时候个税主要针对外籍人士。1993年10月，第八届全国人民代表大会常务委员会第四次会议正式通过了《关于修改〈中华人民共和国个人所得税法〉的决定》，形成了新中国成立以后第一套比较完整、统一的个人所得税制度。1999年11月，国家对储蓄存款利息征收20%的个人所得税。2005年10月，个税将工资、薪金所得项目的费用扣除标准由800元调整为1600元。2007年12月，个税扣除标准由1600元上调至2000元。2011年6月，个税扣除标准由2000元上调至3500元。2019年1月1日起，国家将工资薪金所得、劳务报酬所得、稿酬、特许权使用费所得合并，进行综合个税申报，将综合所得的基本减除费用标准由按月计算调整为按年计算，个税扣除标准调整至5000元/月（即：6万/年），同时由国家税务总局开发的个税APP上线，方便大家在手机上申报操作。

我国个人所得税法自1980年出台以来经历了7次大的修改，随着我国个税制度的不断发展和完善，个人所得税在财政收入和调节分配方面发挥着越来越重要的作用。目前根据最新个税规定，个税专项附加扣除在子女教育、继续教育、大病医疗、住房贷款利息、住房租金、赡养老人等六个方面可以申请抵扣扣留，极大减轻了普通百姓的缴税压力。

案例思政元素讨论分析

1、宏观经济政策可以发挥什么作用？

2、我国财政政策是如何体现"以人民为中心"的思想的？

3、我国货币政策是如何兼顾"灵活"与"稳定"目标的呢？

4、宏观经济政策是一只"看得见的手"，它与另外一只"看不见的手"（即市场）是如何有机结合，共同推进经济发展的呢？

5、需求管理政策与供给管理政策有什么不同？

参考文献

1、货币政策坚持稳健取向 护好老百姓"钱袋子"[EB/OL].中国证券报，2022.10.20

2、ATFX科普：伯南克与鲍威尔超宽松货币政策比较[EB/OL].和讯网，2022.10.20

3、美国稳经济增长的财政政策[EB/OL].中国发展出版社，2022.6.25

4、美国国债首破31万亿美元！[EB/OL].每日经济新闻，2022.10.7

5、马海涛、姚东旻.我国减税降费政策的特征及其理论内涵[EB/OL].光明网，2022.6.7

6、转移支付兜牢兜实民生底线[EB/OL].经济日报，2022.7.26

7、福建生态保护财力转移支付年均增长15.8%［EB/OL］.中国产业经济信息网，2022.10.9

8、日元失守150关口的背后："安倍经济学"的锅？［EB/OL］.极目新闻，2022.10.21

9、政策扶持 资本助力 新材料产值十年增长4.9倍［EB/OL］.上海证券报，2022.10.24

10、中国"一揽子计划"有效应对国际金融危机冲击［EB/OL］.新华网，2012.8.31

11、我们一起看看个税发展史［EB/OL］.新华网，2021.1.13

第四章　失　业

失业一直是公众和宏观经济政策制定者关注的焦点。对失业者个人来说，失业意味着生活质量的下降，对整个社会来说，失业意味着人力资源的浪费。因此，失业不仅仅是一个经济问题，更是一个社会问题。

材料1　失业的衡量

中国从20世纪80年代初开始建立登记失业制度，当时由于中国还处于计划经济体制下，称为"待业登记"，所有的城镇无业者都必须首先到政府劳动部门去登记，处于等待期的劳动者即登记为"待业"。随着1994年，党的十四大提出要从计划经济转向市场经济，中国劳动用工制度发生重大变化，政府不再统一分配和安置，企业和劳动者开始进行双向选择。于是，1994年将"待业登记"更名为"失业登记"。中国"城镇登记失业率"的概念也由此开始。

城镇登记失业率，是指中国特有的失业统计指标。城镇登记失业人员数与城镇单位就业人员（扣除使用的农村劳动力、聘用的离退休人员、港澳台及外方人员）、城镇单位中的不在岗职工、城镇私营业主、个体户主、城镇私营企业和个体就业人员、城镇登记失业人员之和的比。其中，城镇登记失业人员指有非农业户口，在一定的劳动年龄内（16岁以上及男60岁以下、女50岁以下），有劳动能力，无业而要求就业，并在当地就业服务机构进行求职登记的人员。2019年全国城镇新增就业1352万人，城镇登记失业率为3.62%。2020年全年城镇新增就业1186万人，城镇登记失业率为4.2%。2021年末城镇登记失业人员1040万人，城镇登记失业率为3.96%。

2009年8月，全国人大常委会审议了国民经济和社会发展计划执行情况的报告，全国人大常委会委员、经济学家蔡昉提出目前的登记失业率存在局限性，应采取调查失业率。同时，他还建议发布劳动参与率、就业充足率等辅助性指标。对此，国务院在此次常委会上提交了落实常委会审议意见的报告。这份由国家发改委拟的报告承认，城镇登记失业率难以全面反映城镇失业状况，存在一定的局限性。该报告透露，有关部门正在抓紧研究，拟在报请国务院同意后，从 2011 年（"十二五"起始年）起，采用城镇调查失业率作为就业指标并予以公布，同时发布劳动参与率等其他辅助指标。

城镇调查失业率是通过城镇劳动力情况抽样调查所取得的城镇就业与失业汇总数据进行计算的，具体是指城镇调查失业人数占城镇调查从业人数与城镇调查失业人数之和的比。2020 年，年末全国城镇调查失业率为 5.2%。2021 年末全国城镇调查失业率为 5.1%，2022 年，发展主要预期目标：城镇新增就业 1100 万人以上，城镇调查失业率全年控制在 5.5% 以内。

材料 2　大学生就业

国家统计局公布的数据显示，2022 年 7 月，全国城镇调查失业率为 5.4%，其中，16-24 岁人口调查失业率达到 19.9%，青年人群似乎面临着严峻的就业形势。

大学毕业生就业有啥趋势性变化？

近年来，青年失业率持续上扬，2022 年 8 月 15 日，国家统计局公布的数据显示，2022 年 7 月份，全国城镇调查失业率为 5.4%，其中，16-24 岁人口调查失业率达到 19.9%，较上年同期高出 3.7 个百分点，较 25-59 岁人口调查失业率高出 15.6 个百分点，反映出青年人群面临更为严峻的就业形势。国家统计局公布的 16-24 岁人口调查失业率包含了该年龄段的农民工和大学毕业生两个主要群体。根据国家统计局发布的《2021 年农民工监测调查报告》，2021 年，16-20 岁、21-30 岁的农民工分别占农民工总量的 1.6%、19.6%。考虑到农民工群体的失业率相对较低，2022 年 7 月，外来农业户籍人口（这部分人员主体是农民工）调查失业率为 5.1%。因此，大致估算可知大学毕业生失业率较高，这将造成人力资源的较大浪费，亟需出台针对性政策予以应对。另外，青年失业率的持续攀升和人口老龄化程度的加速提高，不仅造成了我国近年来人力资本投资的较大浪费，也使得一些中长期的矛盾在短期内更快暴露。

由于大学毕业生的就业压力持续增加，青年失业率的变化逐渐呈现出季节性失业与长期趋势叠加的态势。以往以大学毕业生为主体的青年失业大多具有摩擦性失业的特征，即在毕业季失业率升高，随着时间的推移，劳动力市场上供求信息逐步得到消化，青年失业率就会逐步下行。但目前青年失业率长期上扬的趋势已经形成，意味着短期的摩擦性失业有可能越来越多地转换成长期失业。青年人长期脱离劳动力市场，一方面将导致个人失去"干中学"提升人力资本的机会，另一方面，在劳动力市场总体供求关系趋于紧张的情况下，加剧了就业的结构性矛盾。近年来，由于大学生就业困难的不断叠加，毕业季更高的失业率，在其后虽稍有回落，但难以恢复到毕业季前的均值水平。大学生失业的不断累加意味着部分大学毕业生可能陷入长期失业的困境，需要进一步摸清长期失业的具体情况。从就业统计看，仅仅观察失业率指标的变动，已经不能完整地反映青年失业状况的主要性质，针对个体失业时间的统计越来越重要。同时，从积极就业政策的应对看，针对处于失业周期不同阶段的大学毕业生需要有差异化的政策。这对积极就业政策体系提出了新的挑战。

大学毕业生等青年群体在劳动力市场上表现出更多的脆弱性。从过去两年的情况看，突如其来的新冠肺炎疫情对劳动力市场带来了严重的负面冲击，但其他群体很快恢复到正常的失业率水平，而青年群体的失业率却居高不下，并一直上扬。这意味着同样的冲击，对青年群体更容易形成持续性的影响。当前，要高度关注疫情冲击消退后不同群体就业状况的分化。

总体上看，我国当前的青年失业问题既有与其他国家相类似的普遍性因素，也有中国特定发展阶段的特征与特定的政策举措相关。从很多国家的情况看，青年失业率高企与经济成长速度低、新增岗位不足、劳动力市场就业保护程度高有关。我们既要分析造成我国青年人就业困境的共性因素，也要理解中国特定发展阶段青年失业的原因，才能解决好当前的青年失业问题。

大学生就业难的原因是什么？

一方面，导致当前大学生失业率高企的周期性矛盾较为突出。从失业的性质看，失业率既包括因劳动力市场摩擦性因素和结构性因素所致的自然失业，也包括由于需求缺口形成的周期性失业。当前，经济下行压力较大，不少行业的需求缺口明显，导致周期性失业占失业人口的比重不断增加。大学毕业生是对周期性失业较为敏感的群体，主要有两方面原因。其一，大学毕业生是新进入劳动力市场的群体，其就业岗位大多数来自于新创造的就业岗位，在经济下行压力大、需求缺口明显的情况下，新就业的增长速度由于经济收缩大幅下降，甚至停滞，大学毕业生失去了最重要的岗位供给来源，就业困难自然凸显。其二，在总体岗位缩减的情况下，就业保护程度高的群体，岗位损失的可能性小。"稳就业"的措施往往强调对现有岗位的保护，工作经验越多的劳动者，受到保护的程度越高，相比之下青年群体的失业率可能因此抬高。

另一方面，当前大学生就业困难源于结构性因素的长期积累，需要通过不断深化改革化解矛盾。高校扩招一直被认为是大学生就业困难的主要原因。从大学毕业生就业的供求关系分析，高校扩招的确在一段时期内集中增加了大学毕业生的劳动供给，从而形成了就业压力。但如果简单地将当前的大学毕业生就业困难归因于高等教育扩张，则既无助于理解当前青年就业的主要问题，也无益于寻找恰当的解决方案。高等教育的扩张从总体上看是顺应发展需要的。一方面，中国经济增长方式由要素积累的模式转向以全要素生产率推动，必然对技能型人才产生更高的需求；另一方面，中国人口老龄化的加速推进，也迫切需要新加入劳动力市场的劳动者劳动生产率的不断提高。提升劳动生产率的基础，必然是劳动者人力资本水平的提升。当前更重要的是将高等教育扩张的结果在劳动力市场上转换成积极的因素，利用好这个红利。近年来，一些产业部门的发展已经使我们的工程师红利初露端倪，例如，信息技术、药物研发外包服务、部分高端制造业等技术密集型行业，由于丰富的人才储备已经逐渐展现出一定的国际竞争力。说明只要找到契合经济增长方式的发展模式，完全可以实现经济高质量发展和大学生就业的兼容。

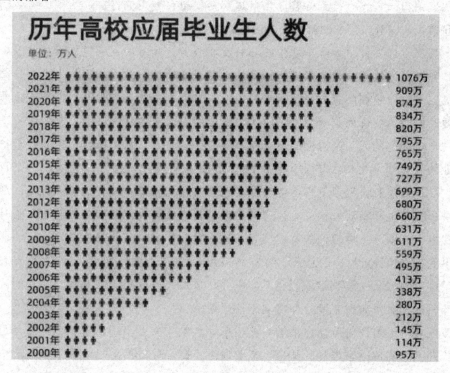

有何对策？

首先，保持一定经济增长速度不断提供新就业岗位。周期性因素产生的劳动力市场波动，对以大学毕业生为主的青年群体就业产生了更明显的影响。2022年的《政府工作报告》指出："经济增速预期目标的设定，主要考虑稳就业保民生防风险的需要""财税、金融等政策都要围绕就业优先实施。"在经济下行压力已经对劳动力市场产生明显影响的情况下，应该及时出台刺激经济增长的政策工具，化解周期性因素对大学生就业的不利影响。

对于新进入劳动力市场的大学毕业生而言，其就业岗位无非有两个来源：新就业岗位的创造和已有就业岗位的调整。调整已有的就业岗位，有可能导致原有岗位上的劳动者失业，有悖于"稳就业"的政策宗旨。显然，为了保持劳动力市场的稳定，新创造的就业岗位数量越多，越有利于解决青年就业。但近年来，城镇就业的增长逐年趋缓。影响城镇就业总量增长的因素很多，既与经济增长的短期波动有关，也和经济增长的就业弹性相关联。但从客观上看，一旦新增就业岗位的速度放缓，对即将进入劳动力市场的青年人会产生更大的负面影响。较之于促进劳动力市场既有岗位的流动而言，实现就业岗位总量的增加可能是更有效的手段。跨周期和逆周期宏观调控政策要针对大学生就业的主渠道发力，分析表明，服务业是为大学生提供就业机会的主要行业，但新冠肺炎疫情暴发以来，服务业增加值缺口一直没有得到弥补。当前迫切需要出台专门的措施，实现服务业的稳定和增长，缓解大学生的就业困难。

其次，加大针对大学毕业生的公共就业服务。一方面，通过加强公共卫生体系和养老服务体系建设，为大学毕业生创造就业岗位。此次新冠肺炎疫情暴露了我国在公共卫生和防疫体系建设中的短板，加强相关的软硬件基础设施建设非常必要。同时，我国面临着日益严峻的、快速的人口老龄化，社会化养老服务、专业护理机构等的人员配置面临日益严重的短缺。目前，从事医疗卫生和社会护理行业的大学毕业生约占毕业生总量的7%。如果将该比例由7%再提高1.5个百分点，并适当向专科生倾斜，将会为毕业生增加15万个就业岗位。另一方面，增加机关事业单位和科研机构的见习岗位。对于一时难以就业的大学毕业生，临时的见习机会有助于拓展他们的就业视野、提高就业能力、延长择业周期。目前，机关事业单位和科研机构的总就业约为2000万人，按1%的比例设置3个月的见习岗位，可以为20万大学毕业生提供见习机会。按每人每月补助2000元计，从财政就业专项资金中列支12亿元，即可实施该计划。

最后，不断深化劳动力市场制度改革。大学生失业率不断累积、攀升，是一些长期的结构性因素推动的结果，需要通过不断深化改革解决这些矛盾。解决大学毕业生的就业困难，首先需要提高社会各界对解决问题重要性的认识。在当前人口结构发生重要变化、人口老龄化加速演进的情况下，大学生就业趋势的不断恶化以及失业周期的不断延长，对劳动生产率的提升和经济持续发展会产生不良后果。因此，要把大学生等青年群体作为积极就业政策的主要瞄准对象，实施具有针对性的就业促进方案，避免青年人长期脱离劳动力市场，避免失业由短期失业、摩擦性失业向长期失业、结构性失业转化。另外，从长期看，要不断深化劳动力市场改革，通过增强劳动力市场的灵活性，为青年人就业打开空间。

青年是创业的最主要群体，而大学生应该成为青年中创业的中坚力量。创业带动就业是实现就业倍增、缓解青年就业紧张的重要途径。但创业受到经济周期的影响很明显，要利用好现有的支持青年创业就业的政策体系，加大财政、金融手段对青年创业的支持力度，解决好青年创业的融资难问题。另外，为大学生创业创造良好的制度环境是深化改革的重要内容之一。大学毕业生初涉市场，缺乏经营和管理的经历，抵御风险的能力相对不足。降低创业门槛，减少创业的制度壁垒，就是对大学毕业生创业的支持。此外，还需要完善创业失败的社会化支持体系，通过延伸失业救助等手段，扩大对创业就业的支持范围，降低大学毕业生因为创业失败所需要承担的风险，增强他们的创业意愿。

材料3　农民工就业问题

农民工是新型城镇化、乡村振兴的重要力量，推动其就业，事关民生福祉、经济发展和国家未来，2012—2021年全国农民工总量由26261万人增至29251万人。一段时间以来，受新冠肺炎疫情等因素影响，一些地方出现企业"招工难"、农民工"就业难"的现象，"招工难""就业难"并存的就业结构矛盾，是产业结构升级和经济结构转型的必然现象。其表现出的问题，呈现出多元化的特征。

首先，传统产业转型升级，以及战略性新兴产业、先进制造业、现代服务业等的快速发展，对劳动者知识技能提出更高要求。目前我国农民工技能人才无论数量还是质量，都与实际需要存在较大差距，从而导致"招工难"问题日益突出，低技能农民工转岗再就业压力加大。

其次，当前很多农民工就业以短期性、临时性为主，新业态尚无劳动合同和劳务协议的现象较为普遍，工资收入缺少基本保障，不少劳动者为了增收，连续高强度工作，严重损害身体健康。

再次，当前县域经济发展基础较为薄弱，新业态新模式发展趋于滞后，当地劳动力多是在相对灵活的建筑业、服务业岗位工作，属于"半工半农"状态，不是特别稳定。返乡创业人数和市场主体数量尽管一直保持在增长状态，但普遍存在竞争力弱、领域集中、规模较小和发展后劲不足等问题。

如何破解农民工就业瓶颈？应多措并举，稳妥施策。

一方面，应调整产业结构，实现产业发展与促进就业相协同。应坚持推动农民工外出务工和促进就地就近就业创业"两条腿"走路，提高农民工内生发展动力与创造更多发展机会并重，有效促进其稳定就业和持续增收。比如，前几年，一些西北内陆贫困地区发展诸如养牛、养羊等产业，多元化拓展农民的致富途径；又如，一些地方政府通过招商引资等形式，把发达地区的新型产业迁移至偏僻乡镇，建设扶贫车间，或引入一部分下游产业链作为终端加工点。通过类似的产业结构调整，创造了一些技术性强、月收入可观并具备发展潜力的就业岗位，很快受到新生代农民工的青睐。

另一方面，应努力提升农民工职业技能，充分发挥政府引导作用。应调动社会、企业以及劳动者等各方面积极性。要健全以企业为主体、职业院校为基础、学校教育与企业培养紧密联系、政府推动与社会支持相互结合的农民工技能人才培养体系。比如，在西北地区，有的县市采取"走出去""请进来"的方式，投入资金，与一些城镇职业技术学校签约合作，用几年时间培养出家电修理商、烹饪大厨等职业化人才。此外，还应大规模开展适合农民工特点的多种形式的职业技能培训，重点对新生代农民工开展岗前培训、企业新型学徒制培训等，给予职业培训补贴，不断提高就业能力。

材料4　我国的劳动力市场

北京师范大学劳动力市场研究中心发布《2020中国劳动力市场发展报告》，《报告》指出，从空间格局视角研究劳动力市场发展，有利于更加准确地把握我国不同区域之间劳动力就业和收入状况，能够为构建内需体系新格局提供经验借鉴；更加全面地把握总体和各区域之间的关系，把我国劳动力市场的空间回旋优势发挥出来。《报告》分析总结了我国劳动力市场空间演变表现出的8个方面特征。

一是劳动力市场极化现象逐渐明显。我国区域之间劳动力市场的稳定型就业、灵活型就业与高技能型就业都出现了一定的极化趋势，主要体现在东部地区和东北地区之间的两极分化。东部地区内部的高技能型就业和灵活型就业规模都明显增长。

二是劳动力市场格局呈现南北差异。南方就业总量始终高于北方，且从2015年后差距逐渐拉大，南北方人口流入差距拉大，南方城市人口流入更加明显，南方就业质量高于北方。2019年，全国人口净流入最多的省份为浙江和广东，同期东北三省净流出人口最多。全国就业质量总体呈稳步上升趋势，南方就业质量高于北方，且就业质量增速高于北方，东部沿海地区领跑全国，就业质量最高。

三是劳动力市场就业岗位创造能力异质化显现。"三新经济"带来了直接和间接就业创造效应，2017年、2018年和2019年，"三新经济"带来的总就业规模分别为15148万人、15752万人和16566万人，呈现逐年递增趋势。从区域来看，不同经济圈高技术产业就业情况差异显著，粤港澳、长三角高技术产业吸纳就业能力较强，广东、江苏成为高技术产业就业吸纳高地，中西部地区正在通过发展高技术产业吸纳高技术人才。同时，国企民企携手促进高技术领域的就业创造与重塑。

四是劳动力市场"时""空"边界不断变革。就业形态的空间变革主要体现在工作空间和工作模式两个层面。表现为，线下到线上的变化，传统的工作平台、工作空间萎缩，线上经济活动越来越多；工作弹性增强，一人一岗到多人一岗或一人多岗的变化趋势十分明显，弹性岗位模式与互联网平台结合，共同打造了各种灵活就业模式，工作更加多样化。就业形态时间转变主要表现为工作年限延长和工时缩短并存。

五是劳动力市场地域空间逐渐重构。在未来城市发展中，都市区外围城市、都市区核心城市、区域性中心城市的效能将进一步释放，劳动力市场地域空间复杂性将会更加明显。长三角、珠三角、京津冀、成渝、长江中游五大城市群成为主要人才流入地。后疫情时代，世界级产业链集群建设、国家城市群现代化产业体系形成、世界级多中心网络型区域协调发展均会影响劳动力市场地域空间的重构。

六是城乡劳动力市场融合度上升。城乡劳动力市场融合发展是城乡融合发展的重要内容，也是评价城乡融合发展的具体指标。城乡劳动力市场融合发展至少体现在三个方面，即人口在城乡之间自由流动加快、返乡入乡人数日益增多以及农民工就地就近就业比例逐渐提高。

七是劳动力市场回旋空间增加。近年来，我国人力资本质量的稳步提升为产业升级提供了回旋空间。同时，一系列改革有效破除了不利于劳动力流动的制度壁垒，为缓解劳动力市场的区域结构失衡提供了回旋空间。随着新技术的应用，劳动力市场线上回旋空间也不断拓展。

八是劳动力市场国际空间不断拓展。我国劳动力参与国际经济合作的主要特征表现在三个方面：劳动力参与国际经济合作的对外输出规模持续扩大；雇用海外当地人员数量和比例都在不断增加；中高端劳务合作是我国参与国际经济合作的重要发展趋势。在华外资企业雇用我国劳动力的主要特点包括两个方面：外商投资企业和港澳台投资企业吸纳我国劳动力呈现平稳增长态势；当前制造业仍然是吸引外商直接外资的主要行业，也是外资企业中吸纳劳动力最多的行业。

材料5　服务业发展与就业

党的十八大以来，服务业呈现稳步扩张的良好态势，逐步擎起国民经济的

"半壁江山"，成为支撑和拉动经济发展的主动力。

推动增长"主动力"格局巩固。2012—2021年，我国服务业增加值从244856亿元增长至609680亿元，按不变价计算，2013—2021年年均增长7.4%，分别高于国内生产总值（GDP）和第二产业增加值年均增速0.8和1.4个百分点。

吸纳就业"主渠道"作用凸显。2013—2021年，服务业就业人员累计增加8375万人，年均增长3.0%，平均每年增加就业人员931万人。2021年，服务业就业人员35868万人，占全国就业人员总数的48.0%，比2012年提高11.9个百分点。

扩大投资"主平台"地位增强。2012—2021年，服务业固定资产投资（不含农户，下同）从167781亿元增长至362877亿元，2013—2021年年均增长8.9%，占全部固定资产投资的比重连续十年保持在60%以上，2021年达66.6%。

服务业结构持续优化。现代服务业蓬勃发展。2021年，信息传输、软件和信息技术服务业，金融业，租赁和商务服务业增加值占服务业增加值比重分别为7.2%、15.0%和5.8%，比2012年提高2.3、0.6和1.4个百分点。产业融合持续加深。2021年，规模以上供应链管理服务企业营业收入为1324亿元，是2018年营业收入的3.0倍。生产性和生活性服务业健康成长。2020年，我国规模以上生产性服务业企业29万家，从业人员2688万人，资产总计110万亿元，营业收入84万亿元。中西部地区加快发展。2021年，全国31个省（自治区、直辖市）中服务业增加值占地区生产总值比重超过50%的地区共有21个，数量大大高于2012年的4个地区。

材料6 失业保险

截至2021年末，我国失业保险参保人数为2.3亿人。2021年，共向1724万人发放各项失业保险待遇993亿元。为支持市场主体纾困减压、稳岗扩岗，2022年以来，我国连续出台一系列政策措施，加大失业保险稳岗返还实施力度，向暂时遇到困难的企业发放一次性留工培训补助。人力资源和社会保障部最新数据显示，2022年1至8月份，各地已向1120.1万户次企业发放稳岗资金646.3亿元，为稳企业、稳就业、保民生发挥了重要作用。

失业保险是社会保障体系的重要内容，也是积极就业政策的有机组成部分。今年以来，为进一步缓解疫情对企业的影响，我国将中小微企业的失业保险稳岗返还比例由60%最高提至90%，大企业由30%提至50%。据人社部统计，2022年前8个月，各地向721.1万户企业发放失业保险稳岗返还资金448.4亿元，受益企业数量和返还资金金额分别是去年全年的1.8倍和1.9倍，全国超半数参保企业受益，有力地帮助企业渡过难关。

除实施失业保险返还助力稳定岗位外，人社部还向中高风险疫情地区暂时无法正常生产经营的所有参保企业以及未出现中高风险疫情地区的餐饮等5个特困行业企业，创新推出一次性留工培训补助政策，支持受疫情影响企业稳岗留工。政策实施4个月来，全国有395.7万户企业享受到196.8亿元培训补助支持。

材料7　失业保险发多少？

云南省人力资源和社会保障厅发布《关于调整全省失业保险金标准的通知》启动最低工资标准与失业保险金标准联动调整机制调整失业保险金发放标准进一步提高失业保障水平，切实保障云南省失业人员的基本生活。

一、发放标准

全省失业保险金发放标准要按照当地最低工资标准的90%执行。与我省2022年最低工资标准同步调整，调整后的失业保险金月计发标准为：

（一）一类地区1710元/月。

（二）二类地区1575元/月。

（三）三类地区1440元/月。

二、执行时间

自2022年10月1日起执行。

材料8　地摊经济

2022年9月22日，上海发布20年来首次进行全面修改的新版《上海市市容环境卫生管理条例》，不再要求全面禁止"路边摊"，在规定不得擅自占用道路、桥梁等公共场所设摊兜售的同时，明确区和乡镇政府可以划定一定的公共区域用于从事设摊经营、销售自产农副产品等经营活动。这在各大城市出台的市容管理条例中还属于首次。

从近了说，放宽对地摊经营的限制，乃是顺应了疫情下复苏经济的需要。曾几何时，路边摊的管理一直是中国各大城市的"老大难"问题，对于设摊经营、占道经营多采取全面禁止措施。其实，堵不如疏，适当放开地摊经营，能够有效平衡市容管理需要与民生需求，最大限度调动最广泛力量参与市场竞争、拉动经济增长。每一个流动的摊点背后都是一个家庭的生计，都是城市经济运行的毛细血管。试想，当成千上万走街串巷的谋生者行动起来，通过"摆摊"成就一个个灵活就业创业的故事，不仅能够解决一部分人群的就业问题，降低政府"保就业、保民生"的压力，还能够起到激发市场活力、促进消费、活跃经济的积极作用，对于降低城市低收入人群特别是进城务工人员生活成本，多多少少有所助益。

往远了看，放宽对地摊经营的限制，更符合城市构建良性经济生态、厚植人文和历史底蕴的发展要求。自古以来，勾栏瓦肆、贩夫走卒、引车卖浆就是中国城市文化一道必不可少的亮丽景观，以致有"先有市，再有城"的说法。这之中，"市"代表的是经济交互和产业活力，象征的是人间烟火气。一个现代城市良性的经济生态是容纳百川的多元系统，既有高大上的商城，也有接地气的地摊，能够满足不同人群多样化、多层次的消费需求。老百姓买东西未必一定要去商场，一些生活中的小物件，比如纽扣、袜子等，去家门口的地摊买，更划算，更方便。无论是从构建良性经济生态，还是从发扬历史传统层面来看，一个有产业活力和历史底蕴的城市，一定是给小商贩留下足够多的空间、足够大的政策包容度的，而这也正是一个城市该有的发展自信和人文温度。

当然，如同一枚硬币的两面，"地摊经济"在为保就业和促经济增长作贡献的同时，也为城市发展带来诸多治理难题，比如，阻塞交通、污染环境、噪音扰民、商品存在假冒伪劣、食品安全难以保障等。由此，地摊经营并不是一放就灵，更不能"一哄而上"，还要在精细化管理上下足功夫。要从政策、细则、管理等方面通盘考虑、统筹规划，探索利用公共区域有序发展夜间经济、体验经济，该堵的堵，避免无序设摊回潮；该放的放，在适当位置满足城市烟火气的需要，努力降低地摊经济的负外部效应，让其更好融入城市高质量发展的肌理中去。

针对一些人关于放宽对地摊经营的限制可能对那些交纳房租、创业成本较高的店面经营者造成冲击的担心，其实大可不必。二者的消费人群并不冲突，恰好对应了城市经济生态中的不同分层，偶然间有一些交叉和流动，地摊经济对店面经营者的冲击和影响是有限的。另外，在一些地区，地摊经济发展得好，还可以起到引流作用，在一定程度上带动旁边其他类型实体店的生意。当然，有关部门也可以结合实际情况对店面经营者进行一些政策倾斜或项目补贴，并通过有效规划实现不同经营群体间的差异化发展，避免同质化竞争。

城市烟火气，最抚凡人心。"地摊经济"归根结底是民生经济、平民经济，虽然简陋土气，但和高大上的商超经济一样，也是就业岗位的重要来源，是人间的烟火，是中国的生机和韧性。我们要从长远的目光来看待"地摊经济"潜在的巨大价值，不只将其当成稳经济的一时之举，更不能搞"一阵风"，而是要将其充分纳入城市未来发展的长期规划中加以统筹，合理有序推进，真正让"地摊经济"为市井民生增添更多烟火气，为中国经济社会稳定健康发展注入有效动能。

案例思政元素讨论分析

1、失业的社会影响？

2、失业治理与"以人民为中心"的关系？

3、如何理解"就业是最大的民生工程"？

4、失业治理与"社会主义核心价值观"要求一致吗？

5、健全失业保障体系的必要性？

6、新冠疫情给我国就业形势带来哪些不利影响？

参考文献

1、又是一年求职季！今年，大学生就业有哪些变化？［EB/OL］.人民论坛网，2022.10.8

2、许凌.破解"两难"促农民工就业［EB/OL］.光明网，2022.8.31

3、我国劳动力市场空间演变表现出8个特征［EB/OL］.齐鲁壹点，2021.1.4

4、服务业释放主动力 新动能打造新引擎［EB/OL］.国家统计局，2022.9.20

5、646.3亿元失业保险稳岗资金下发 加力稳企业保民生［EB/OL］.成都日报，2022.9.27

6、涨了！10月1日起，云南省失业保险金标准上调［EB/OL］.云南省人力资源和社会保障厅，2022.9.7

7、如何看待"地摊经济"再升温？［EB/OL］.海报新闻，2022.9.29

第五章　通货膨胀

货币是商品交换发展到一定阶段的产物，货币供给是银行体系通过其资金运用向生产和流通领域注入货币的行为。经济运行中，出现的物价水平普遍持续上涨即通货膨胀，通货膨胀会带来一系列社会成本，分析通货膨胀产生的原因，是治理通货膨胀的必要条件。

材料1　战俘营里的货币

第二次世界大战期间，在纳粹的战俘集中营中流通着一种特殊的商品货币——香烟。

当时的红十字会设法向战俘营提供各种人道主义物品，如食物、衣服、香烟等。由于数量有限，有些物品只能根据某种平均主义原则在战俘之间进行分配，而无法顾及每个战俘的特定偏好。但是人与人之间的偏好显然是不同的，有人喜欢巧克力，有人喜欢奶酪，还有人可能更想得到一包香烟。因此，这种分配显然是缺乏效率的，战俘们有进行交换的需要。

但是，即使在战俘营这样一个狭小的范围内，物物交换也显得非常不方便，因为它要求交易双方恰巧都想要对方的东西，也就是所谓的需求的双重巧合。为了使交换能够更加顺利地进行，需要有一种充当交易媒介的商品，即货币。那么，战俘营中，究竟哪一种物品适合做交易媒介呢？

许多战俘营都不约而同地选择了香烟来扮演这一角色。战俘们用香烟来进行计价和交易，如一根香肠值10根香烟，一件衬衣值80根香烟等，有了这样一种记账单位和交易媒介之后，战俘之间的交换就方便多了。

材料2　纸币的起源

在日常生活中，很多人习惯于把纸币称做"钞票"。"钞票"一词最早可追溯到清朝咸丰时期，当时的大清政府发行了"大清宝钞"和"户部官票"，因此，当人们把这两种货币的名字组合一起读时，就有了"钞票"一词。其实，钞票和纸币并不是一个概念，本质上有着区别，钞票是纸币的一种，而纸币则涵盖了更多的形式。

世界上最早的纸币诞生于我国五代时期。唐以来，国力发展迅猛，随着生产力的提高，经济的进一步发展，更便捷、更大基数的货币成为市场的迫切需要。五代时期的四川就因货币流通不足发生了"钱荒"，由此催生出了纸币——"交子"。

"交子"一词是四川的方言，不单是纸币的名称，是对票证、票券的称谓，有"交合"之意，即合券取钱。一开始在市面上流通的交子，票面上只写有密码、花押间错，金额是多少临时写。后来为了市场有更加规范，十几户富商联合开设了"交子铺"，开始统一发行。然而到了宋大中祥符年间，富商衰落，交子难以兑现，于是由朝廷出面接手了交子。南宋时期，交子已在全国多个地方流通，但是，每个地方都有各自的地区性纸币。神宗时期，交子正式由朝廷承认，并在熙宁初年，将伪造交子等同于伪造朝廷文书。交子是我国最早由官方政府正式发行的纸币，也被认为是世界上最早的纸币。

材料3　数字货币

1971年，美国尼克松政府宣布美元彻底与黄金脱钩，标志着人类社会自此进入了纯信用货币（Credit Money）时代。信用货币是由国家法律规定的、强制流通不以任何贵金属为基础的独立发挥货币职能的货币。目前世界各国发行的货币，基本上都属于信用货币。

数字货币，则是法定货币的数字化形式，由央行发行，与现钞并行。一般而言，只有央行发行的、由国家信用背书的数字货币才是真正的数字货币。近年来，数字经济已经成为全球经济重要驱动力和新的增长点。作为数字经济时代的"新基建"，数字货币自然而然地受到高度关注。各主要国家和地区央行及货币当局纷纷对数字货币开展研究，希望通过发行数字货币，满足数字经济发展对货币和支付体系的更高要求。美国布鲁金斯学会发布研究报告称，目前已有诸多国家在"央行数字货币"研发上取得实质性进展或有意发行"央行数字货币"，包括法国、瑞典、沙特、泰国、土耳其、巴哈马、巴巴多斯、乌拉圭等。据媒体报道，日前美联储相关人士表示，正在研究"数字货币对支付生态系统、货币政策、金融稳定、银行与融资和消费者保护的影响"。

而我国央行数字货币（DC/EP），即数字人民币，英文全称为Digital Currency/Electronic Payment，DigitalCurrency即数字货币，Electronic Payment即电子支付工具。这就清楚表明了央行数字货币的双重属性：首先，它是法定货币，效率等同于人民币现金（纸币或硬币）；其次，它是电子支付工具。简单地说，央行数字货币就是人民币的电子版形式，是数字化的人民币现金。

数字货币不等于虚拟货币。近年来，各种货币概念层出不穷，给公众造成了诸多困扰。因此，需要区分"电子货币""数字货币"和"虚拟货币"的不同。电子货币主要是指法定货币电子化，例如银行账户电子钱包中的余额可用于网络支付，其强调的是货币形态与现实中的货币不同。数字货币一般指由央行发行的、与纸币并行的数字化货币，与纸币有着同等的地位。虚拟货币的形态一般也是电子的或者数字的，但虚拟货币本质上不是货币，而是一种虚拟商品。因为没有足够的信用进行支撑，虚拟货币无法承担法定货币的职能。

比特币等虚拟货币，最多只能算是私人部门的"类数字货币"。即便是脸书（Facebook）将要推出的天秤币（Libra），从基本属性看，其实是与法定货币等值挂钩的数字"稳定币"，成为法定数字货币的可能性微乎其微，更难以成为超主权的数字货币。

央行数字货币将具有两个突出特点：一是，国家信用背书，具有无限法偿性与强制性。这是微信、支付宝等非银行支付工具所不具备的优势，即便是商业银行的银行卡支付也没有这些特点。法定货币的背后是国家信用，银行卡支付的背后是商业银行信用，支付宝和微信支付背后则是互联网企业信用，这三者属于不同的层次。显而易见的是，国家信用大于商业银行信用大于互联网企业信用。二是，币值稳定，适用于各类经济交易活动。这是成为货币的基本前提，也是区别于虚拟货币的显著特征。货币最重要的本质是价值尺度，难以保持币值基本稳定就难以发挥价值尺度的作用。比特币等虚拟货币价格幅度波动较大，如果将比特币作为交易媒介，这种币值的巨幅波动给使用者带来巨大风险。

从运营和技术层面看，我国央行数字货币的主要特征是：第一，双层运营。即央行先把数字货币兑换给银行或者其他运营机构，再由这些机构兑换给公众，而不是由央行直接向公众发行。第二，现金（M_0）替代。数字货币主要用于小额、零售场景，替代一部分流通中的现金，因此也没有利息。第三，可控匿名。数字货币在公众与商业银行之间是匿名的，但央行可以追踪数字货币的流向，较好地平衡了保护隐私和防范风险的双重需要。

材料4 贷款市场报价利率

贷款市场报价利率（Loan Prime Rate，LPR）是由具有代表性的报价行，根据本行对最优质客户的贷款利率，以公开市场操作利率（主要指中期借贷便利利率）加点形成的方式报价，由中国人民银行授权全国银行间同业拆借中心计算并公布的基础性的贷款参考利率，各金融机构应主要参考LPR进行贷款定价。现行的LPR包括1年期和5年期以上两个品种。LPR市场化程度较高，能够充分反映信贷市场资金供求情况，使用LPR进行贷款定价可以促进形成市场化的贷款利率，提高市场利率向信贷利率的传导效率。

贷款市场报价利率（LPR）由各报价行于每月20日（遇节假日顺延），以0.05个百分点为步长，向全国银行间同业拆借中心提交报价，全国银行间同业拆借中心按去掉最高和最低报价后算术平均，向0.05%的整数倍就近取整计算得出LPR，于当日9时15分公布，公众可在全国银行间同业拆借中心和中国人民银行网站查询。现行的LPR包括1年期和5年期以上两个品种。

2022年10月20日，全国银行间同业拆借中心受权公布贷款市场报价利率（LPR）公告发布。中国人民银行授权全国银行间同业拆借中心公布，2022年10月20日贷款市场报价利率（LPR）：一年期LPR为3.65%，5年期以上LPR为4.3%。

材料5 恶性通货膨胀

德国的案例

在第一次世界大战结束后的魏玛共和国时期，德国发生超级通胀（或称恶性通货膨胀），每个德国人的口袋里都有数十亿马克。当时一个面包卖2000亿马克、一周的养老金也不足买一杯咖啡；由于食物价格随时上升，餐厅都不再印刷菜牌；上班族也要在出粮日带上行李箱来装着工资，然后在汇率变动之前冲到最近的商店购物。

德国超级通胀的出现，是因为德国在一战中期开始，决定向其他国家借钱，而不再用纳税人的钱来为战争提供资金。起初，大家都有信心只要打赢战争，就能够还清国债。可是，现实却令大家失望了。德国战败，更签署了《凡尔赛条约》，需向盟国赔偿1320亿马克的巨额罚款。为了偿清债务，德国政府开始不停地印钞票来买外汇，钞票的价值愈来愈低，通货膨胀的情况更失去控制。战前，

4.2 马克可以兑 1 美元，到刚开始出现通胀时，升到 48 马克兑 1 美元；1922 年初，每美元兑 320 马克；到了下半年每美元可兑 7400 马克。最高峰时，每美元更可兑 4.2 兆马克。1923 年，德国更出现 100 兆面值的钞票，货币对大众来说已经失去了意义。面对失控的超级通胀，德国人不再以钞票来购物，转而以物易物，不少医生都以香肠、鸡蛋、煤炭等东西代替诊金。当时，国民眼中真正有价值的有形资产就只有钻石、黄金、古董和艺术品，国内也出现了不少小偷，偷的东西包括肥皂、发夹、铜管和汽油等。1923 年年底，以农工业用地当作抵押贷款来支持的新货币「Rentenmark」取而代之，汇率固定在 4.2 Rentenmark 兑 1 美元，超级通胀终于落幕，德国也恢复正常。

津巴布韦的案例

津巴布韦是非洲一个内陆国家，1980 年独立，曾经发展很稳定。津巴布韦的自然资源非常丰富，煤蕴藏量约 270 亿吨，铁蕴藏量约 2.5 亿吨，铬和石棉的储量都很大。另外，其工业发展也不错。然而，从 2000 年开始实施"快速土改计划"，征收白人土地，从而遭遇西方制裁，导致经济陷入困境。

通货膨胀、货币贬值、物价飞涨，种种原因使得津巴布韦政府多次发行货币，修改货币的面额，历史上，津巴布韦发行过 8 套纸币，包括货币、农业债票和债票。1994-2003 年版的纸币面额最大只有 1000 元，而 2006-2008 年版的纸币最大面额已达到 5 亿津巴布韦币。2009 年，津巴布韦币最大面额曾达到 100 兆亿。相关资料显示，在 2009 年，津巴布韦通货膨胀率最高达 89700000000000000000000%，政府一度放弃统计通货膨胀率数字。后来政府采取措施逐渐控制了局势，发行了新的流通货币，100 兆亿面额的货币也成为了历史。

查询津巴布韦储备银行（Reserve Bank of Zimbabwe）官网和 Trading Economics 网站，受疫情、饥荒、经济危机等因素的影响，自 2021 年底开始，津巴布韦的通货膨胀率便不断飙升，截至 2022 年 6 月，通货膨胀率已达到 191.56%。

材料 6 美国正在经历的通货膨胀

据福克斯新闻网 2022 年 10 月 13 日报道，全美通货膨胀率再创 40 年新高，9 月份美国消费者价格指数比一年前上涨 8.2%。有调查显示，随着生活成本上涨，超半数美国消费者被迫过度借贷以支付生活账单。

2022 年 9 月份美国住房租金同比上涨 6.7%，食品价格上涨 11.2%。此外，公用事业、天然气和医疗费用都变得更高。美国网贷平台 Lending Tree 的一项调查发现，在过去六个月中，32% 的受访者选择延迟支付账单，51% 的美国消费者为支付账单而向银行过度借贷，26%的民众表示自己多次过度借贷。美国人口普查局的数据显示，全国15%的租房者拖欠租金。

《华盛顿邮报》经济记者巴特拉伊表示，在新冠疫情初期，美国人有储蓄，也有来自联邦政府的经济刺激支票。但随着通胀恶化，情况发生了逆转，"我们开始看到美国人的信用卡消费增加，欠债也比平时多。美联储加息的决定将继续影响那些有信用卡债务的人，这意味着信用卡利率上升，而人们的债务会增加。"美国马萨诸塞大学公共政策教授韦勒说："信用卡债务本身就是有风险的，随着经济放缓，美国人面临着财务无保障的恶性循环，对有色人种家庭更是如此。"

美媒称，事实上，美国人现在正面临"双重打击"。许多人正在刷信用卡以维持生活水平，因为通货膨胀削弱了他们的购买力，通货膨胀的速度远远超过了工资的增长。与此同时，信用卡的利率正在飙升，提高了这种债务的成本。有数据显示，美国目前的平均信用卡利率超过22%，是2019年以来的最高水平。"对许多人来说，债务负担和信用卡利率同时飙升，给他们带来一种滚雪球般的绝望感。"

材料7 我国近几次的通货膨胀

1978年改革开放以来，我国共经历了6次大的通胀。

第一次：1980年，年CPI高达7.5%

改革开放初期，我国的政策方针还很不成熟，多干快上，出现投资过热。当时，中央从国外大规模引进设备，仅1978年一年，就同外国签订了22个大型项目，金额高达78亿美元，并且还有50亿美元的意向没有签订完成，而1978年我国的财政收入才不过1132亿元。与此同时，为改变全国居民生活水平长期维持在基本生存线上下的窘境，中央提出建设小康社会，大力增加民生福利。在城市，对国营企业增加补贴、给职工发放奖金、改善职工住房条件、增加职工就业等；在农村，则有农产品提价、贫困地区免税、支农投资提高等"休养生息"措施。

在财政收入有限的情况下，投资和民生支出增长过快，导致财政入不敷出，出现了严重的财政赤字。央行为了解决财政赤字，大量发行货币，货币供应量M0从1978年的212亿元扩张到1980年的346.2亿元，上涨了63.3%。过量的货币发行必定会引起通货膨胀，CPI物价指数从1978年的0.7%上涨到1980年的7.5%。快速上行的通货膨胀引起了政府的高度重视，为了抑制通胀，1980年12月，国务院发出了《关于严格控制物价、整顿议价的通知》，政府采取了压缩投资、收缩银根等一系列措施，通货膨胀在1981年得到抑制，历时两年多。

第二次：1985年，年CPI高达9.3%

1984年，中央政府提倡加快改革，建设"有计划的商品经济"，地方政府响应号召，扩大投资规模，固定资产投资增长率从1983年的16.2%上涨到1985年的38.8%；而1984年的货币供应量M2比1983年新增1071亿元，过快的社会投资引起社会总需求过旺。同年，国务院决定实行工资改革，使得居民实际收入大幅上扬。社会投资增长以及居民收入增速快于劳动生产率的提高，通货膨胀再次出现，CPI价格指数从1984年的2.7%上涨到1985年的9.3%。为了抑制此次通胀，国务院采取了一系列的宏观调控政策，通过紧银根，减少货币发行，控制固定资产投资规模，抑制物价上扬，本次通胀历时三年。1985年通货膨胀刚刚得到控制，我国马上又经历了改革开放以来的第三次通胀。

第三次：1988年，年CPI高达18.8%

中央为了理顺价格机制，提出"价格闯关"。1988年上半年放开肉、蛋、菜、糖价格，7月底，又放开名烟、酒价格，名烟酒价格一下上涨5至10倍，社会出现抢购现象，在这种情况下又规划出台物价工资改革方案。改革需要稳定的经济增长环境，为了使经济保持较高的增速，紧缩的政策开始松动，货币供应M0同比增速从1987年的19.4%上涨至1988年的46.7%，1988年CPI物价指数一下暴涨至18.8%。1989年，中央召开会议整顿经济秩序，采取减少社会总需求，控制贷款规模紧缩银根，提高利率回笼货币等政策，1990年通胀得到控制，历时三年。

第四次：1994年，年CPI高达24.1%

这场有记录以来最严重的通货膨胀始于1991年底。当年9月，为了提高大中型国有企业的活力，国务院出台20条措施，其中包括下调利率、放松银根，导致信贷急剧扩张。1991-1995年的M2增速是为史上最高，同比常年在25%以上。1992年流通中的货币量M0比上年增加了36.4%，1993年则增加了35.3%，M0两年的增长率均高于经济增长与物价涨幅之和。同时，中央为了进一步理顺价格，1993年，先后放开了粮食、钢铁及部分统配煤炭的价格，调整提高了原木、水泥的出厂价格，并对部分原油价格实行了议价。随后，中央又出台了税制改革和汇率并轨，以及国家机关、事业单位的工资改革，企业也进行了工资套改，这些都加重了各种企业的成本负担，最终造成物价上涨。货币超发和粮价上涨累积起来的影响滞后到1994年，结果就在94年引发恶性通货膨胀，当年CPI高达24.1%，创下我国通胀的最高记录。为抑制通胀，政府采取紧缩的货币政策，提高银行存贷利率，减少货币供应量，在1996年通胀得到控制，历时三年。

第五次：2008年，年CPI高达5.9%

加入WTO之后，我国贸易顺差迅速扩大，2005年7·21汇改之后人民币出现单边升值，大量热钱涌入，我国外汇储备迅速扩大。在现有的结售汇制度下，央行不得不被动发钞，导致国内流动性过度充裕。于此同时，原油价格出现大涨，布伦特原油由2007年初的50美元/桶涨至2008年7月的140美元/桶，由于我国原油极度依赖进口，因此能源价格的飙升带来了极大的通货膨胀压力。

第六次：2011年，年CPI高达5.4%

2008年第四季度，国际金融危机波及中国，由于出口需求萎靡不振，中国由经济过热忽然转为经济下滑，受此影响，央行货币政策也发生了180度大转弯，由适度从紧转变为适度宽松的货币政策，同时采取扩张的财政政策。2008年11月9日，国务院公布了4万亿投资计划，试图拖住经济的下滑。2009年2月开始，固定资产投资增速上升至30%以上，2009和2010年的M2增速在大多数时候都保持在20%以上。4万亿投入市场之后，持续的信贷扩张导致大量资金流入房地产市场和农产品市场，当年"蒜你狠"、"豆你玩"、"姜你军"的不断涌现就是其生动表现。2011年，CPI物价指数上涨至5.4%，是1996年以来的最高值。稳定物价成为了当时的首要任务，央行密集上调基准利率和存款准备金率，2010年至2011年间，上调5次基准利率12次存款准备金率，到2011年6月20日，存款准备金率高达21.5%。2011年末通胀得到控制，历时一年多。

材料8　通货膨胀的影响

2022年10月13日，美国劳工部发布9月的居民消费指数（CPI）同比上涨8.2%，核心通胀上涨6.6%。通胀对于基层民众的生活影响是非常大的，而且切身的感触也非常深刻。对于美国民众来说，最基础的生活物资就是基本饮食开支、除食品之外的日常生活开支以及出行费用。那么这三大块费用可能整体占据了基层民众收入的80%以上。今年持续高达8%的通胀率，让很多商品和服务的价格上涨了近50%以上，而工资水平并没有有效上升，这构成了收入和开支的极大矛盾。

本来从日常的食品开支看，在美国民众的收入结构中占比不多，在2020年时，美国人均每周食品饮料消费43美元，占收入的7%。但是随着通胀开始，这部分商品是首先涨价的。鸡蛋价格较上年同期上涨40%，黄油和人造黄油价格飙升近30%，美国的恩格尔系数上升，都已经达到快20%了。

在日常生活费用中，租房费用上涨非常大，租金的涨幅非常高，在不少大城市，房租上涨累计都超过20-50%之间。在纽约华人区附近的普通住宅楼，二居室租金都达到了2000美元。当然让美国民众意见最大的那还是各种能源的涨幅，汽油的涨幅超过了40%以上，而天然气和石油价格的上涨导致取暖费用上涨非常大。这可能是美国近三十年来，物价上涨最多的两年。美国的物价其实在之前长期还是很稳定的，每年的通胀指数也有，不过都是非常轻微，尤其是基础生活物资价格变动很缓慢，感觉到美元的购买力一直是比较稳定的。其实在上世纪90年代中期之后，美国确实迎来了物价的低上涨期，所以这一年多的物价变动，让美国民众真的是怨声载道。

现在美国的就业率还是比较充足的，迫使越来越多在家的人出去工作。但是对于那些夫妻双职工，本来就工作的民众来说，通胀让他们的生活变得越来越糟糕。越是底层的民众，通胀对他们的负面影响越大。尤其是租不起房子时，一下子有可能就归入街头流浪汉的生活。那么宽松的美元有可能还会推升工资的上涨，形成未来通胀的死亡螺旋循环，那就是物价上涨推高工资，工资上涨又进一步推高物价，循环往复，越来越高。

在一定程度上，当年美元宽松的负面影响也是蔓延到全世界。即使部分的美元回流，也仍然让美国民众感觉生活越来越不美好。

材料9　胡佛总统与克林顿总统的个人收入比较

1931年，当时的美国总统胡佛的年薪是7.5万美元。1995年，克林顿作为美国总统的年薪是20万美元。他们谁赚得多呢？

如果仅仅从货币量来衡量，美国总统的工资当然增加了。但是比较收入时，重要的不是货币量的多少，而是这些货币能买到多少东西。货币量衡量的是名义工资，货币的实际购买力衡量的是实际工资。比较胡佛与克林顿的工资时，应该比较实际工资，而不是名义工资。根据资料，以1992年为基年，这一年的消费物价指数为100，则1931年的消费物价指数为8.7，1995年的消费物价指数为107.6。

1995年胡佛的工资=1931年名义工资×1995年消费物价指数÷1931年的消费物价指数 =7.5万美元×107.6÷8.7 =92.7586万美元

1931年克林顿的工资=1995年名义工资×1931年消费物价指数÷1995年消费物价指数 =20万美元×8.7÷107.6 =1.617万美元

这就是说，胡佛的实际工资是克林顿的4.6倍，克林顿的实际工资仅仅是胡佛的21%。

材料 10　消费物价指数

2022年9月份，中国居民消费价格指数（CPI）同比上涨 2.8%，涨幅比上月扩大 0.3 个百分点，当月 CPI 中，食品价格同比上涨 8.8%，涨幅比上月扩大 2.7 个百分点，影响 CPI 上涨约 1.56 个百分点，食品价格上升成为 CPI 上涨的核心动力。我国目前整体通胀水平相对较低，但是在全球经济体高通胀的背景下，输入性通胀或将抬高我国四季度通胀水平。

9月国内 CPI 环比上涨 0.3%，同比上涨 2.8%。环比来看，鲜菜、猪肉、蛋类和鲜果分别上涨 6.8%、5.4%、5.4% 和 1.3%。同比来看，食品类价格涨幅较大，上涨 8.8%，其中粮食、猪肉、食用油、鲜菜、蛋类和鲜果分别上涨 3.6%、36%、8.3%、12.1%、7.3% 和 17.8%。从 9月的 CPI 数据中可以看出，9月份食品价格的上涨成为我国目前通胀上行的主要推动力。同时据农业农村部的数据，9月农产品批发价格 200 指数为 128.64，同比上涨近 13.61%，环比上涨近 4.75%，侧面印证了当月我国农产品价格的上涨趋势。究其原因，受高温天气影响，鲜菜和鲜果供给有所下降；猪肉和鸡蛋需求则受开学季和中秋节影响回升，带动价格上涨。

目前来说，食品项和整体通胀水平都在上涨，非食品项下降，食品项的价格上涨仍是我国通胀上行的主要驱动。不过值得注意的是，国家统计局数据显示，我国的恩格尔系数逐年下降，食品消费占家庭消费的比重正在逐渐下降，这种居民消费结构的转变在未来或将导致食品价格对通胀水平的影响程度逐渐降低。

材料 11　货币供给量

2022年6月末，广义货币（M_2）余额 258.15 万亿元，同比增长 11.4%，增速分别比上月末和上年同期高 0.3 个和 2.8 个百分点；狭义货币（M_1）余额 67.44 万亿元，同比增长 5.8%，增速分别比上月末和上年同期高 1.2 个和 0.3 个百分点；流通中货币（M_0）余额 9.6 万亿元，同比增长 13.8%。

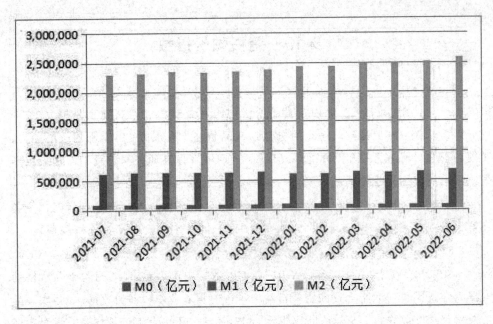

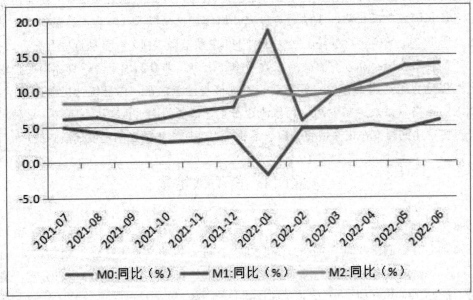

材料12　货币工资

　　2022年9月，河南省人力资源和社会保障厅发布2022年度河南省企业工资指导线，明确2022年企业货币工资增长基准线为7%。

　　企业工资指导线，是政府根据当年经济发展调控目标，向企业发布的年度工资增长水平的建议，由基准线、上线（又称预警线）和下线组成，基准线是企业平均工资平均增长幅度。省人社厅发布通知，2022年企业货币工资增长基准线为7%，不设上线、下线，适用于省内城镇各类企业在岗职工工资分配。

按照要求，河南各级人社部门要进一步加强对企业工资分配的宏观指导，引导非公有制企业落实2022年企业工资指导线政策，结合生产经营和经济效益状况，通过工资集体协商等民主程序，合理确定本企业职工平均工资增长幅度。各类企业要努力提高企业劳动生产率，妥善处理好企业经营者与普通职工的工资分配关系，逐步提高普通劳动者尤其是工资偏低的生产服务一线岗位人员工资水平。国有及国有控股企业制定职工工资增长要符合国有企业工资决定机制改革要求。

案例思政元素讨论分析

1、通货膨胀与我们的生活有什么关系？

2、如何正确认识通货膨胀带来的影响？

3、中国治理通货膨胀与西方国家治理通货膨胀有什么不同？

4、消费物价指数与货币实际购买力之间是什么关系？

参考文献

1、曹艺，才凤玲.货币银行学［M］.中国人民大学出版社，2010年

2、纸币的起源：世界上最早的纸币—"交子"［EB/OL］.搜狐网，2021.6.10

3、数字货币来了？怎么用？纸币会消失吗？［EB/OL］.新华社，2020.8.21

4、10月5年期LPR仍为4.3%，广州部分银行利率再次下调［EB/OL］.凤凰网房产，2022.10.20

5、德国历史最严重的超级通胀 2000亿马克才买一个面包！［EB/OL］.腾讯新闻，2022.1.6

6、津巴布韦又出新币，面额达10的303次方，击败天地银行？［EB/OL］.搜狐网，2022.10.13

7、美媒：受通货膨胀冲击，美国人正在累积信用卡债务［EB/OL］.海外网，2022.10.19

8、历史回顾：改革开放以来的历次通货膨胀［EB/OL］.搜狐网，2018.8.30

9、美国通胀指数8%以上，量化宽松后遗症，不断加息能解决吗？［EB/OL］.腾讯网，2022.10.19

10、张淑云，李文和.西方经济学教程［M］.化学工业出版社，2004年

11、9月食品项拉动CPI加速上涨 四季度或将继续走高［EB/OL］.金融界，2022.10.27

12、2022年6月货币供应量情况［EB/OL］.中华人民共和国国家发展和改革

委员会，2022.7.20

13、河南 2022 年企业货币工资增长基准线为 7% ［EB/OL］.潇湘晨报，2022.9.12

第六章 经济周期

经济周期一般是指经济活动沿着经济发展的总体趋势时所经历的有规律的扩张与收缩，是现代市场经济中经济运行所不可避免的波动。

材料1 大萧条

1920年代被称为"新时代"，财富和机会似乎向刚在第一次世界大战中获胜的美国人敞开了自己吝啬的大门。整个社会对新技术和新生活方式趋之若鹜，"炫耀性消费"成为时代潮流。胡佛总统也认为，"我们正在取得对贫困战争决定性的前夜，贫民窟将从美国消失"。

1929年10月24日，美国迎来了它的"黑色星期四"（美国华尔街股市的突然暴跌事件）。这一天，美国金融界崩溃了，股票一夜之间从顶巅跌入深渊，价格下跌之快连股票行情自动显示器都跟不上。1929年10月29日，纽约证券交易所里所有的人都陷入了抛售股票的漩涡之中。股指从之前的363最高点骤然下跌了平均40个百分点，成千上万的美国人眼睁睁看着他们一生的积蓄在几天内烟消云散。这是美国证券史上最黑暗的一天，是美国历史上影响最大、危害最深的经济事件，影响波及西方国家乃至整个世界。此后，美国和全球进入了长达10年的经济大萧条时期。因此，这一天被视作大萧条时期开启的标志性事件，由于正值星期二，被称为"黑色星期二"。

从1929年10月29日到11月13日短短的两个星期内，共有300亿美元的财富消失，相当于美国在第一次世界大战中的总开支。但美国股票市场崩溃不过是一场灾难深重的经济危机爆发的火山口。

大萧条也造成了严重的社会问题：大萧条期间约有200—400万中学生中途辍学；许多人忍受不了生理和心理的痛苦而自杀；社会治安日益恶化。其中最重要的问题是失业。在美国，失业人口总数达到了830万，在美国各城市，排队领救济食品的穷人长达几个街区。英国则有500—700万人失业，不得不排着更长的队伍等候在劳务交易市场内。这次美国经济大萧条造成的灾难是人类历史上前所未有的。甚至比中国三年困难时期1959年到1961年所谓的"三年大饥荒"还要严重。这次美国经济大萧条1930年～1933年爆发严重的经济危机，发生了遍及全美国的大饥荒和普遍营养不良，导致大量人口非正常死亡。最保守估计，至少有700万人死亡，约占当时美国的7%。美国30年代大萧条：千百万人必须像畜生一样才能活命。

1933年初，富兰克林·罗斯福（Franklin Roosevelt）取代了焦头烂额的胡佛，当选为美国第32届总统。他针对当时的实际，顺应广大人民群众的意志，大刀阔斧地实施了一系列旨在克服危机的政策措施，历史上被称为"罗斯福新政"，新政的主要内容可以用"三R"来概括，即复兴（Recover）、救济（Relief）、改革（Reform）。

由于大萧条是由疯狂投机活动引起的金融危机而触发的。罗斯福总统的新政也先从整顿金融入手。在被称为"百日新政"（1933年3月9日至6月16日）期间制订的15项重要立法中，有关金融的法律就占了1/3。罗斯福于1933年3月4日宣誓就任总统时，全国几乎没有一家银行营业，支票在华盛顿已无法兑现。在罗斯福的要求下，3月9日，美国国会通过《紧急银行法》，决定对银行采取个别审查颁发许可证制度，对有偿付能力的银行，允许尽快复业。从3月13日至15日，已有14771家银行领到执照重新开业，与1929年危机爆发前的25568家相比，淘汰了10797家。罗斯福采取的整顿金融的非常措施，对收拾残局、稳定人心起了巨大的作用。

在"百日新政"期间，罗斯福在解决银行问题的同时，还竭力促使议会先后通过了《农业调整法》和《全国工业复兴法》，这两个法律成了整个新政的左膀右臂。罗斯福要求资本家们遵守"公平竞争"的规则，订出各企业生产的规模、价格、销售范围；给工人们订出最低工资和最高工时的规定，从而限制了垄断，减少和缓和了紧张的阶级矛盾。在得到大企业的勉强支持后，罗斯福随之又尽力争取中小企业主的支持。

新政的另一项重要内容是救济工作。1933年5月，国会通过联邦紧急救济法，成立联邦紧急救济署，将各种救济款物迅速拨往各州，第二年又把单纯救济改为"以工代赈"，给失业者提供从事公共事业的机会，维护了失业者的自力更生精神和自尊心。

从1935年开始，美国几乎所有的经济指标都稳步回升，国民生产总值从1933年的742亿美元又增至1939年的2049亿美元，失业人数从1700万下降至800万，恢复了国民对国家制度的信心。

材料2 经济泡沫

1、郁金香泡沫

郁金香泡沫，又称郁金香效应，源自17世纪荷兰的历史事件。被称为人类历史上有记载的最早的投机活动。17世纪荷兰的郁金香一度在鲜花交易市场上引发异乎寻常的疯狂，郁金香球茎供不应求、价格飞涨，荷兰郁金香市场俨然已变成投机者伸展拳脚的、无序的赌池。

"郁金香泡沫"是人类历史上第一次有记载的金融泡沫。16世纪中期，郁金香从土耳其被引入西欧，不久，人们开始对这种植物产生了狂热。到17世纪初期，一些珍品卖到了不同寻常的高价，而富人们也竞相在他们的花园中展示最新和最稀有的品种。到17世纪30年代初期，这一时尚导致了一场经典的投机狂热。人们购买郁金香已经不再是为了其内在的价值或作观赏之用，而是期望其价格能无限上涨并因此获利（这种总是期望有人会愿意出价更高的想法，长期以来被称为投资的博傻理论）。

1635年，一种叫Childer的郁金香品种单株卖到了1615弗罗林（florins，荷兰货币单位）。如果你想搞清楚这样一笔钱在17世纪早期荷兰的经济中是什么价值，你只需要知道4头公牛（与一辆拖车等值），只要花480弗罗林，而1000磅（约454公斤）奶酪也只需120弗罗林。可是，郁金香的价格还是继续上涨，第二年，一株稀有品种的郁金香（当时的荷兰全境只有两株）以4600弗罗林的价格售出，除此以外，购买者还需要额外支付一辆崭新的马车、两匹灰马和一套完整的马具。

但是，所有的金融泡沫正如它们在现实世界中的名称所喻示的一样脆弱，当人们意识到这种投机并不创造财富，而只是转移财富时，总有人会清醒过来，这个时候，郁金香泡沫就该破灭了。

2、日本房地产泡沫

二战过后，日本的经济在美国的扶持之下，有了飞速的发展。日本的GDP规模曾一度达到美国的70%。为了降低日本出口商品的竞争力，美国等西方国家就要求日元升值，于是在1985年日本与美国等国签订了《广场协议》，日元兑美元就进入到升值的通道之中，之前美元兑日元是1：240，三年之后，美元兑日元是1：120，日元整整升值了一倍，而日元的升值的后果是，当年日本的出口贸易受到重创，就只能依赖房地产来拉动日本经济了。

在这样的状态之下，日本的房价迅速飙升，越来越多的人都投入到了房地产行业之中。

1980年代中期，日本股市、楼市不断升温，日经225指数由1985年末的13000点上涨至1989年末的39000点，日本6个主要城市土地价格涨幅也达到129%。

不过好景不长，日本央行也看到了房地产泡沫的严重性，于是就主动去戳破"房产泡沫"。主要采取两项措施：首先，阻止非房地产资金流入房地产业，并且对开发商、购房者的贷款进行严格限制。其次，通过连续加息的方式增加炒房者的成本。资料显示，从1989年至1990年这短短的一年时间里，日本央行连续加息5次，房贷利率从之前的2.5%上升到6%。

随后，日本的房价开始出现大跌，以东京为代表的日本六大主要城市的房价跌去了70%，日本全国的平均房价跌幅超过了50%。此举带来的后果是，不仅是大量房地产相关企业和商业银行倒闭，还有很多房奴因还不出房贷，而选择自杀。1991年，日本的离婚率要比上一年增加了5倍。从此，日本经济就开始停滞不前，这被日本人称之为"失去了的30年"。自此之后，日本人再也不敢投机炒房了。

材料3　亚洲金融危机

1997年初，索罗斯"量子基金会"和罗伯逊"老虎基金会"联手向泰国银行借贷泰铢，然后向泰国外汇市场抛泰铢购美元，泰国金融市场发生震荡，泰国动用外汇储备稳定泰铢汇率。5月，索罗斯集巨资继续炒作泰铢，点燃了亚洲金融危机爆发的导火索。泰国政府出手救市，但未能阻止泰铢下跌。7月2日，泰国财政部和中央银行宣布放弃自1984年以来实行的泰铢与美元挂钩的汇率制，实行浮动汇率制，曼谷外汇市场泰铢汇率应声下跌15%-20%，创下有史以来最低记录。当时，泰国的外债余额达到900亿美元，占其国内生产总值的49%，远远超过国际警戒线。

亚洲金融危机风暴随后席卷东南亚与东北亚，其呈现的烈度和规模极具爆炸性。在东南亚，继泰铢实行浮动汇率制后，马来西亚、菲律宾、印度尼西亚、新加坡等货币和股市相继暴跌。印尼最终放弃与美元挂钩的汇率政策，而马来西亚则采取了外汇管制措施。1997年7月1日至1998年2月18日，印尼卢比贬值74%，泰铢贬值43%，马来西亚林吉特贬值33%，菲律宾比索贬值13%。同一时期，印尼股市暴跌81%，马来西亚跌59%，泰国跌48%，新加坡跌45%。在东北亚，韩国也放弃保护韩元措施，韩元在六个月内大幅贬值48%，股市下跌32%。韩国向IMF求援以缓解债务危机，最终决定向外资全面开放金融业，实行外汇市场自由化。之后，韩国18家银行的国际信用评级被降级，经济进一步受到打击。日本的银行和证券公司接二连三倒闭，其中包括百年老店北海道拓殖银行和第四大证券公司三一证券。1998年5月起日元开始出现持续贬值，日本宣告进入战后最严重的经济衰退，导致东南亚有些国家的股市再创新低。在中国，上海和深圳的股市大幅下跌，台湾省弃守新台币汇率，而刚刚回归祖国不久的香港特别行政区金融市场受到冲击，国际炒家阻击港元，股市楼市大幅下跌，香港特区政府出手救市。

亚洲金融危机始于货币危机，迅速演变为一场经济、社会和政治危机，其影响呈现出连环性和破坏性。

首先是财富损失。遭受金融风暴重创的这些亚洲国家货币大幅贬值和股市暴跌，外汇储备剧减，外资迅速撤离，各国财富遭到巨大损失。据《华尔街日报》报道，亚洲金融危机使这一地区1万亿美元的贷款变为呆账，2万亿美元的股票化为乌有，3万亿美元的国内生产总值消失。亚洲国家在1997年6月份平均值100美元的资产到1998年9月平均只值25美元。

而后是经济衰退。随着币值和股市的崩溃，资本大规模外流，大量企业、商店、银行倒闭，失业率快速上升。1997年6月至1998年7月间，印尼国民生产总值直线下降83%，泰国降40%，马来西亚降39%，菲律宾降37%，韩国降34%。再次是贫困加剧。由于经济衰退，工人收入大幅减少。据《华盛顿邮报》报道，印尼工人的年平均工资从1997年6月的1000美元降到1998年年中的260美元，相当于1965年的工资水平。世界银行估计亚洲地区1亿多的中产阶级又重新沦为贫困阶层。

最后是政治危机。随着民生遭到破坏，遭受危机重创的国家出现了社会动乱甚至政治危机。1997年底，泰国和韩国政府更迭。1998年5月至7月，印尼发生多次大规模社会动乱，8月，担任总统30多年的苏哈托被迫下台。同月，日本首相桥本龙太郎被迫辞职。

亚洲金融危机并未止步于亚洲地区，也波及了世界其他国家和地区，呈现传染性。全球近百个有一定规模金融市场的国家都或多或少受到这场金融危机的冲击。在欧洲，由于石油需求萎缩导致价格下跌，俄罗斯出口收入下降，股市和债市震荡，政府财政赤字急剧增加，出现严重的金融危机以及政治危机，波及乌克兰、捷克、波兰、匈牙利等国家。俄罗斯金融动荡导致美国长期资本管理公司（LTCM）在四个月内损失46亿美元，最终破产。

亚洲金融危机通过金融和贸易渠道也影响到了欧美以及拉丁美洲的股市和经济增长。除了欧美股市暴跌，美国出口贸易在1998年上半年出现20世纪90年代以来第一次负增长，其中对亚洲地区出口减少14%，影响其经济增长。亚洲国家货币贬值削弱了拉美产品竞争力，同时需求萎缩降低了拉美石油和原材料出口国的收入。随着美国投资者从拉美股市抽回巨额资金，阿根廷、哥伦比亚、巴西和墨西哥沦为债务国。

在亚洲金融危机惊涛拍岸的当口，中国向世界发声，表明立场：自古以来中国和东盟各国人民创造了灿烂的文明，为人类进步作出了重要贡献，近代以来在建设自己国家的过程中都取得了令人称道的成就；中国不采取竞争性汇率贬值措施，不以邻为壑；中国将用外汇支援有关国家稳定外汇市场，与各国共渡难关。在亚洲金融危机期间，中国始终从保持经济持续增长和维护国际经济发展大局出发，认识到采取的政策措施不但关系着中国自身的发展，也关系到亚洲和世界的繁荣与稳定。

伴随坚定"中国声音"的是迅速"中国行动"。首先，坚持人民币不贬值。东南亚各国货币的急剧贬值给人民币汇率带来巨大压力。当时，中国外贸出口明显下滑，国际市场普遍存在人民币贬值的预期。中国顶住压力，通过采取积极的财政政策、增加基础设施建设投入以扩大国内需求、积极利用外资等政策措施保持经济增长和社会发展。人民币对美元汇率不但没有下降，稳定在了8.28左右，而且还出现了稳中略升的走势。标准普尔全球评级亚太首席经济学家保罗·格伦瓦尔说："人人都担心亚洲危机升级，但中国保持汇率稳定的做法成为地区的巨大稳定之源。"中国通过IMF、世界银行以及双边渠道，向泰国、印尼、韩国等有关国家提供了共计60多亿美元的支持。

亚洲金融危机启示我们：需要加强金融监管和风险预警；需要让金融回归服务实体经济的本源；需要使经济金融发展以人民为中心，在满足人民创业、追求美好生活需要的同时，保护人民的生计和财产；需要加强国际协调和合作，推动国际经济金融稳定健康发展。

材料4　次贷危机

始于2007年席卷美国的次贷危机，在大量复杂金融衍生品的加持下，迅速演变升级为2008年全球性金融危机，引发了金融海啸的同时，也带来了深度经济萧条。

21世纪初，随着格林斯潘领导的美联储开启降息周期，加上小布什政府发布了"经济增长和税收减免协调法案（EGTRRA）"，通过降低最高税率、扩大收入税减免等一系列减税措施，成功让美国经济再次繁荣，并逐渐呈现出过热迹象。伴随着经济热度的提升，房地产成为了市场的宠儿。

利率的下降提供了主驱动，住宅抵押贷款利率的持续下降，导致地产负债成本的显著下行，作为利率敏感型资产，房地产热度愈演愈烈。加上建筑、建材、装修等领域在税收减轻的刺激下也获得了景气度的提升，居民部门购置房屋的动力显著增强。同时，政府与社会也在宣传与引导上发挥了作用，美国政府在 21 世纪初开始号召"居者有其屋"，将房屋所有权作为"美国梦"的重要内容。另外，由于 21 世纪初互联网泡沫的破灭，导致房地产被普遍认为是更安全保值的资产而倍受青睐。

需求端的持续向好带来了地产行业的热潮，并引来大量投机者进场，导致需求进一步增加和房价上涨的提速；持续上行的房价与攀升的需求之间形成了螺旋上升，并引发低信用等级的一部分居民参与进来，美国房地产的螺旋式上升进程不断推进，房屋抵押贷款规模也出现爆发式增长。但是，美国经济增速与居民收入水平的增速却逐渐落后于抵押贷款规模，居民部门与非金融企业的杠杆率出现攀升。从 2000 年中-2008 年初，美国居民部门杠杆率上升约 40 个百分点，非金融企业部门杠杆率上升约 30 个百分点。

面对热度攀升的美国地产市场，金融机构自然不会错过参与的机会，不过金融机构主要是通过金融衍生品市场来参与地产热潮，由于衍生品自有的高杠杆属性，金融机构获得了高额回报，同时也进一步推升了美国的地产热潮。在抵押贷款支持证券（MBS）、担保债务凭证（CDO）的助力下，抵押贷款市场的流动性更加充裕，美国房地产市场一路走强；家庭住房抵押的需求愈演愈烈，庞大的抵押资产池进一步扩张了金融衍生品的市场规模，美国地产的螺旋上升持续加速。

从地产周期的维度看，在最初几年里，拉动美国房价上涨的需求大部分来自优先级购房者——即自身有能力支付首付款并能够按预定计划偿还后续贷款的房贷申请者。但是，随着美国地产热潮的延续，不少居民基于财富幻觉，开始进行加杠杆购房囤房，而且资质较低的潜在需求者也加入到购房热潮中，也就是后来次贷的申请群体，这显著提升了美国地产泡沫的脆弱性。

资质较低的潜在需求者之所以可以加入到购房热潮中，关键在于金融机构显著放低了房贷审批的要求，特别是在传统银行监管体系外的"影子银行"，将目标转向市场更广阔的次级和次优级抵押贷款，通过人为地降低首付款和抵押门槛，甚至刻意省略高风险贷款的文件审核程序，导致零首付的高风险抵押贷款比比皆是。美国白宫对低收入群体住房问题的重视以及"居者有其屋"的政治诉求也形成了一个有利于地产热潮的社会背景，叠加监管漏洞下"影子银行"业务的蓬勃发展，美国次贷泡沫在 2006 年变得极度脆弱，破裂的那一天渐行渐近。

为了应对经济过热，压制高通胀水平，同时防止过热的房地产市场进一步膨胀，美联储在 2004 年 6 月的议息会议上宣布开启加息 25 个基点，但是，初期加息并没有取得意料中的效果，CPI 仍然保持高位，房地产市场同样没有在利率上行背景下快速降温，迫使美联储不得不在随后的十多次议息会议上持续加息，联邦基金利率由 1.0% 提升到 2006 年 6 月 5.25% 的水平，带动抵押贷款利率大幅上行。随着基准利率与房贷抵押贷款利率的持续上行，房贷违约率显著提升，最终房地产价格指数在 2006 年初升至顶峰，并在徘徊一年后于 2007 年骤降，此后市场恐慌情绪开始发酵，踩踏性抛售纷至沓来，美国房地产泡沫正式宣告破灭，并在之后的一年左右时间引发了蔓延全美的次贷危机与全球金融危机。

次贷危机与全球金融危机的相继爆发摧毁了全球经济与金融市场，作为危机拯救者，美联储联合财政部，运用了一系列创新的政策工具，并在 1-2 年内成功引导市场回归平稳。在强有力的财政货币政策扶持下，美国经济在 2009 见底后于 2010 年开始转强。这场 2007 年次贷危机引发的衰退终于散去阴霾。美国 GDP 也在 2008-2009 年中经历短暂下滑后，在 2009 年下半年重回上涨趋势。从就业市场来看，美国新增非农就业人数在 2009 年 2 月筑底，随后迅速回升，2010 年初再次回归正值区间；失业率在 2010 年 4 月达到峰值 9.9% 后，开始一路下滑。

材料 5　政治选举与经济波动

政治性经济周期，最早（1943 年）由芬兰经济学家卡莱斯基提出。卡莱斯基认为，一个党派政府很可能用政治手段有意来制造经济衰退，从而降低工人讨价还价的能力。1947 年，经济学家阿克曼指出，总统选举周期影响经济政策和经济周期，完善了政治性经济周期理论。1960 年代，布坎南为代表的公共选择学派认为，对政治行为的分析和经济行为的分析应该是一样的。政治家也是为其政治目的而行事，总统目标是再次当选最大化。

为了保证当选，政治家就会操纵宏观经济政策影响宏观经济，为选民谋得短期福利，进而形成一定经济周期。这本质上是一种收买选民的行为。因此，应该将政府行为视为经济系统中的内生变量。美国政治性经济周期一般分为两种：

一是党派政治性经济周期。

美国两党相互竞争，两党历来的执政理念和经济政策都不同。民主党在经济上强调政府干预，向富人征税，主张提供教育、医疗、就业保障等公共福利，偏好文化及科技产业，被称为"自由主义"。共和党在经济上提倡小政府、自由主义，主张放松管制及减税，偏好工业及能源产业，被称为"保守主义"。两党不同的施政理念及经济政策，对赤字规模、货币政策、公共用品、社会福利及大型企业影响巨大。

从 1857 年开始，美国政治周期（联邦政府和国会）经历了 1857-1932 年共和党主导、1933-1952 年民主党主导、1953-1968 年转折期、1969-1992 年共和党主导、1993-2016 年民主党主导的转变。

　　二是大选政治性经济周期。

　　每到大选时，尤其是连任竞选时，总统利用经济政策干预经济走势，向选民提交一份漂亮的经济成绩单，以增加连任机会。具体的做法包括：干预美联储政策，实施宽松的货币政策，刺激就业增加及经济增长；推行减税措施，提高社会福利。1975年，经济学家诺德豪斯（因气候经济学贡献获得2018年诺贝尔经济学奖）提出了机会主义政治性经济周期。

　　诺德豪斯指出，在选举之前，机会主义决策者（主要指总统及决策者）会通过刺激经济以降低失业率，而该政策导致的通货膨胀成本可能要在以后才会出现。这样一个暂时的低通胀、低失业经济状况，有利于获得选民的支持。

　　其中一个典型案例就是1970年代尼克松谋求连任时对美联储的干预。1968年尼克松上台，两年后他任命其政治盟友伯恩斯担任美联储主席，后者曾是尼克松的经济顾问。1972年，尼克松谋取连任，在大选之前，尼克松给伯恩斯施压，希望美联储通过降息增加就业，刺激经济增长。数据显示，在1971至1972年大选之前，联邦基金利率出现明显的下降，普遍在5%以下，远远低于1969-1970年的水平。在尼克松连任竞选期间，M2大幅度上涨，增速普遍维持在12%以上，远远高于1970年前后的水平（6%以下）。1972年，尼克松连任大选年，货币扩张刺激经济短期内上涨，实际GDP增速达5.3%；失业率也有所下降，从5.7%下降到5.3%；货币扩张对通胀的影响存在时滞，通胀率为3.31%。依靠伯恩斯的货币扩张，短期内达到了经济高增长、失业率和通胀率相对较低的"良好"局面，尼克松成功连任。但是，尼克松连任之后，伯恩斯的货币扩张弊端开始显现，市场大量的流动性推动通胀快速上升。1973年石油危机爆发，美国经济陷入全面滞胀危机。1973年经济增长率还能维持在5.6%，但到了1974年和1975年就断崖式下跌到-0.5%和-0.2%，同时通胀率上升到11%和9.1%，失业率屡创新高。

　　所以，美国大选年，经济可能进入大选周期，总统会利用政治手段刺激短期经济增长。即使不是总统连任，美国党派政治也会想办法刺激经济，或作出有利于党派连任的决策。

材料6　熊彼特的经济周期理论

　　熊彼特的创新理论是以创新为核心的经济理论，其研究的是资本主义经济发展的历史进程。其通过对资本主义经济发展过程的研究分析得出经济周期现象能够用创新活动来解释。

　　熊彼特利用创新理论来解释经济周期的产生，他强调企业家为了获得潜在创新利润而进行创新活动，创建新的生产函数，改变原来的经济运行轨迹，新组合的产生提高了企业的利润率，促使个别企业获取高额利润，从而吸引到更多的企业或投资者进行模仿。高利润促使越来越多的新企业加入创新行业，使整个经济领域形成创新风潮，随之引起投机者的投机行为，信用扩张，引起整个经济体系的繁荣发展。这会导致新产品的大量涌现，价格会下跌，利润会变得越来越稀薄，直至最终消失，不再有利可图，此时没有新的创新活动的出现，整个经济就慢慢变得萧条，新企业需要接受考验，老企业面临改革，一些小企业被淘汰，经济变得不景气，一段时间之后，新的创新活动会再次出现……，如此周而复始。创新不断的打破旧结构，建立新结构，如此周而复始形成资本主义的经济周期。

熊彼特认为，创新活动打破了原来的均衡，而且这种创新并不是均匀的排列在时间序列上的，可能是成群或成组的出现，而且是不连续的，间断性的出现，尤其是各种创新活动的性质不同，其产生的影响力也不相同，因此由不同的创新活动引起的经济周期的长短也是不同的。

熊彼特经济周期强调的是复合模式的经济周期，即长、中、短三种周期并存的经济周期。熊彼特的周期理论中的三步骤学说，其强调创新推动经济从衰退走向繁盛的过程可以分为三个步骤，即实施创新、模仿创新、适应创新。

首先，为了获取潜在的利润，企业家会大胆的进行创新活动，改变原有的生产函数，促使新产品的产生。其次，当这种创新利润被个别企业家占有时，就会引起更多的企业家或者投资者来进行模仿创新，与该新产品、新技术、新原料、新市场等有关的经济行为在市场上会被广泛的推广。最后，一些老企业在这种新的经济形式下，面对新企业激烈的竞争，旧的生产方式不再适应经济的发展，如果不及时的进行更新和变革来适应新的经济形势就会被淘汰，摧毁。

这三步骤学说，其实就是创新推动经济由衰退走向繁荣的过程，从创新的开始实施到创新带来的影响最大化的过程，其后因为利润被不断的分享，利润率变得越来越低，直至消失，经济开始不景气，经过一段时间后，新一轮的创新会开始，如此周而复始，形成经济周期。

材料 7　消费与经济周期

生产促进消费，消费促进生产，消费也是促进经济发展的源动力，国民经济的发展离不开消费，消费是经济发展重要组成部分。居民消费的高低都会直接影响经济结构和发展，太高或者太低都不利于良性循环，推动经济稳定发展。

消费周期又称经济周期，指居民消费这种波动是以消费数据降低或者上升来界定标准。存在时间较长，一般是 2-10 年左右。在我国经济发展中，中国的经济发展也随着经济政策不断发展而扩张和收缩，目前我国正在根据国情制定最适合的消费政策，以此来推动消费市场的稳定，保障消费者权益，维护市场经济秩序，同时也加大对市场的监管力度，建立长远的经济周期监控体系，预测经济周期走势和潜在经济危险因素。经济周期的波动直接影响市场经济的发展，想要建立一个平稳发展的市场，就一定要做好经济周期走势分析。消费周期有4个阶段，第一阶段是酝酿期，第二阶段是发展期，第三阶段是高潮期，第四阶段是衰退期。进入高潮期后，如果没有很好的宏观调控，经济会进入衰退期，经济影响着居民消费，一旦衰退，消费就会降低。造成居民消费上下波动的原因有很多，收入、市场、环境等等，想要维持好消费周期少不了良好的经济市场的支撑，所以说消费与经济是密不可分相互影响的。

引起居民消费周期波动的原因如下：

银行低利率政策，居民把钱放在银行，但是银行的利率很低，通货膨胀后实际收益为负数，但是人们把钱存在银行导致储蓄就增多了，存款多了消费就会有选择性消费，而不会盲目消费或者超前消费。根据经济学来说，有两种效应会出现，一是替代效应二是收入效应，银行低利率带来的是替代效应，如果大于收入效应储蓄就会降低，如果收入大于替代效应，储蓄就会增加。我国目前市场环境是收入效应大于替代效应，人民存款不断提高，存钱的主要原因是为了防止潜在风险的发生，并不是降低消费，居民把更多的收入就会用于消费支出，从而提高消费率。虽然银行的利率低但是居民存款变多了，更有底气去消费。

市场经济大环境不好会影响居民的消费，物价上涨，居民消费就会下降，会选择日常开支必需品开消费。居民消费与收入是划等号的，物价上涨了但是工资却没提高，就会抑制消费需求，从而导致消费率下降。

总的来说引起居民消费周期波动的原因离不开市场经济的变化，市场经济发展平稳，人民生活水平提高，从温饱消费转到享受消费。倘若市场经济波动太大，居民收入水平不稳定，市场行情起伏太大，居民消费需求就会降低，而居民消费降低了会影响市场经济的发展和生产力的发展。

消费需求推动经济增长，经济增长离不开消费，改革开放之后消费需求对经济影响愈发强烈。目前我国的消费水平处于中上阶段，已经度过了生存消费阶段，现在开始在享受消费阶段，居民消费指数已达到小康水平。而且消费也有选择性，从单一消费走向多元化消费。目前我国的居民消费差距较大，从乡村到镇，从县城到城市存在巨大的消费差异，这也证实了居民消费是促进经济增加的重要因素，体现了城镇经济水平的发展，经济越发达的地方居民消费水平越高。虽然我国的消费是呈现增长趋势，但由于一些地区消费力不足，消费力也不稳定，如何稳定市场消费是经济平稳增长的关键。

居民消费与经济周期波动的关系是相互影响的，居民消费高经济增长就快，生产力也会随之增长，如果经济周期波动忽高忽低，也会影响居民的消费，如果经济不稳定居民消费就会下降，毕竟消费也跟收入息息相关。

材料8　新冠疫情与经济周期

2020年初爆发的新冠肺炎疫情是百年来人类最大的流行病灾难，近3年来已致使全球6亿以上人口感染并夺去了600万条以上的生命，同时导致世界经济于2020年陷入"大萧条"以来最严重的衰退，其后的复苏又一波三折且日益分化。

一、新冠疫情导致"大萧条"以来最严重的世界经济衰退

（一）新冠疫情对世界经济从供需两端直接与间接的打击

新冠疫情对于经济的打击，是由各国政府为防止其蔓延所采取的空前严厉的人员流动限制与交通封锁措施所致。这些防疫措施，在供给端致使员工不能按时上班，生产活动随之受阻，从而供给水平骤降；在需求端导致消费者难以外出购买商品和服务，消费活动随之减少，同时投资者由于市场恐慌情绪、金融市场动荡和经济预期下降而信心受挫，投资活动随之放缓，从而需求规模大减。

上述供需两端经济活动的骤然收缩直接地导致各国经济衰退或增长放缓，衰退或放缓的程度取决于各国防疫措施的严厉程度。一般而言，防疫措施越严厉，经济衰退或增长放缓的程度就越高。

同时，在全球化的今天，新冠疫情重挫全球贸易供应链和国际金融市场，从而从外部间接地打击各国经济。

各国相继采取的人员流动限制和交通封锁措施，不仅严重削弱内需产品的供应，也阻塞了出口货物的生产和送达，工厂不能按合同准时出厂出口货物，国内交通不能将出口货物准时送达港口，港口又不能将出口货物准时送至国外。这不仅降低各个国家的货物出口和工业生产量，更重要的是导致全球供应产生阻滞甚至断链，从而通过中间产品的缺位减少了他国的进、出口贸易，进而削弱他国的经济增长。当前全球中间产品的出口贸易量已超10万亿美元，占全球货物出口贸易总量的60%以上，可见其影响之大。中国、美国和德国分别为东亚、北美和西欧地区的产业链中枢；日本、韩国、英国和印度等国也是全球产业链的深度参与方。新冠疫情在这些国家的扩散，使中间产品的主要供给方的生产和运输能力显著下降，全球供应链因而大幅受损。

自疫情爆发以来，国际金融市场恐慌情绪蔓延，从主要经济体开始，各国股市和债市先后骤然下跌，随后大幅动荡。股市和债市，尤其是主要经济体的股市和债市，是世界经济发展的晴雨表，其骤跌与震荡表明国际市场对未来经济前景

的信心减弱，致使各国投资者，无论是金融投资者还是实业投资者，也无论是国内投资者还是跨境投资者，都放慢投资步伐，进一步间接地打击各国与世界经济。

（二）2020年见证"大萧条"以来最大的世界经济衰退

在上述供需两端直接与间接的双重打击下，2020年上半年世界经济受到重挫，于第二季度跌入谷底。受疫情冲击，中国GDP第一季度下跌6.8%，为1992年开始公布季度GDP数据以来的首次负增长；随后美国、欧盟、日本、英国、印度和巴西GDP于第二季度分别大幅下滑8.4%、13.5%、10.3%、21.3%、23%和10.7%；世界经济随之陷入深度衰退。下半年随着政策支持的到位及防疫措施的改进，增长开始反弹，但疫情的冲击仍然强劲，大多数国家的经济增长速度仍在负值区间。

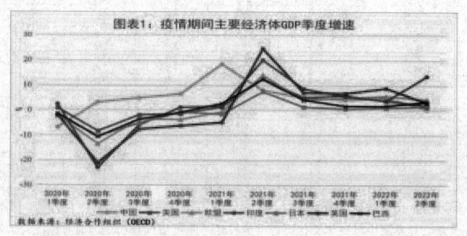

其结果，2020年全年，全球GDP比2019年下跌3.1%，比年初的市场预测下降6个百分点以上，导致了1929年全球经济"大萧条"以来世界经济最严重的衰退，程度超过了两次世界大战和2017年至2018年的全球金融海啸期间。

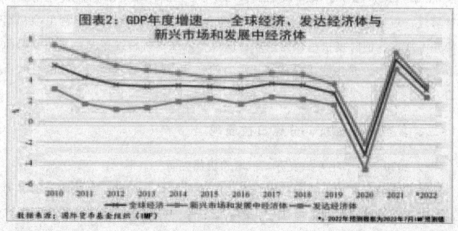

衰退是全球性的，主要经济体，除中国外，无一幸免；中国虽在主要经济体

中唯一地避免了年度衰退，但GDP增速放缓至2.2%，为改革开放40余年来最低；其他经济体也绝大多数未逃衰退命运。

发达经济体疫情更为严重，供应链更为重要，消费需求也更为敏感，加之政府防疫措施的混乱，衰退程度更高，GDP大幅下降4.5%。其中，美国、欧盟、日本、德国、法国、英国、韩国和加拿大的下降幅度分别为3.4%、6.0%、4.5%、4.6%、7.9%、9.3%、0.9%和5.2%。欧洲国家的衰退程度最深。

图表3：主要经济体GDP增速（%）

	2010-2019 年均	2020	2021	2022（预测）	2020-2022 年均（预测）
全球	3.7	-3.1	6.1	3.2	2.0
发达经济体	2.0	-4.5	5.2	2.4	0.9
新兴市场和发展中经济体	5.1	-2.0	6.8	3.7	2.8
美国	2.2	-3.4	5.7	1.6	1.2
中国	7.7	2.2	8.1	3.2	4.5
欧盟	1.6	-6.0	5.4	3.2	0.8
日本	1.2	-4.5	1.6	1.7	-0.4
德国	2.0	-4.6	2.9	1.5	-0.1
法国	1.4	-7.9	7.0	2.5	0.3
英国	2.0	-9.3	7.4	3.6	0.3
韩国	3.3	-0.9	4.0	2.6	1.9
加拿大	2.3	-5.2	4.6	3.3	0.8
印度	6.9	-6.6	8.9	6.8	2.8
俄罗斯	2.1	-2.7	4.8	-3.4	-0.5
巴西	1.4	-3.9	4.6	2.8	1.1
南非	1.7	-6.4	4.9	2.1	0.1
印度尼西亚	5.4	-2.1	3.7	5.3	2.3
阿根廷	1.3	-9.9	10.3	4.0	1.1
尼日利亚	3.8	-1.8	3.6	3.2	1.7
沙特阿拉伯	3.4	-4.1	3.2	7.6	2.1
伊朗	1.4	1.8	4.0	3.0	2.9
越南	6.5	2.9	2.6	7.0	4.2

数据来源：国际货币基金组织（IMF）　　　　注：预测为IMF的2022年10月预测值

新兴和发展中经济体总体而言疫情较轻，防疫措施较松，因而对经济的影响小一些，GDP下跌2.0%，跌幅比发达经济体小2.5个百分点。其中，印度、俄罗斯、巴西、南非、印度尼西亚、东盟五强、墨西哥、沙特阿拉伯和尼日利亚分别下跌6.6%、2.7%、3.9%、6.4%、2.1%、3.4%、8.1%、4.1%和1.8%；越南和伊朗疫情更轻，逃过了衰退，分别实现了1.8%和2.9%的正增长。我国则虽除初期外疫情并不严重，但防疫措施却为全球最严之一，在这种情况下却也避免衰退而实现了正增长2.2%，是由我国经济增长潜力的强劲和政府各项政策对应的有效所决定的。

二、复苏一波三折，分化日益显现

（一）2020年下半年开始复苏，但增长仍然为负

虽然疫情仍在扩散，各国政府强有力的政策宽松，尤其是财政政策的大力支持，同时防疫措施的有效性增强，加之从低谷反弹的技术性效应，2020年下半年大部分的经济体开始从新冠疫情中复苏，GDP增长出现回升，走出低谷。

5、6月份多个经济体就开始放松防疫措施，为下半年经济活动从上半年的收缩中重启创造了条件。更为重要的是，财政与货币政策的大幅放松防止了更加糟糕结果的出现。发达经济体推出的财政支持规模已达GDP的9%以上，此外还以各种形式推出了规模为GDP11%的流动性支持，包括注资、资产购买、贷款、信贷担保等。新兴市场和发展中经济体的政策支持规模相对较小，财政措施规模约为GDP的3.5%，流动性支持规模超过GDP的2%。财政支持的突出例子包括7500亿欧元的"欧盟疫情恢复基金"和各式各样的临时保障政策，如提供工资补贴以维持就业，扩大失业保险覆盖面，延迟征缴税款等。货币支持包括，发达经济体央行推出更大规模的资产购买和再贷款计划，新兴市场和发展中经济体央行出台降息、新再贷款机制及首次资产购买计划等举措。

随之，下半年美国、欧盟、日本、德国、法国、英国、韩国、印度、俄罗斯、巴西、南非和印度尼西亚的GDP下降幅度分别从上半年-4.2%、-8.0%、-6.1%、-5.8%、-11.9%、-11.5%、-0.5%、-10.4%、-2.8%、-6.0%、-8.3%和-1.3%缩小至-2.6%、-3.7%、-3.1%、-2.3%、-3.9%、-6.9%、-0.8%、-2.6%、-1.9%、-2.3%、-4.4%和-2.8%；中国的GDP增速则从上半年的-1.6%恢复至5.4%。

尽管如此，下半年经济复苏的力度有限，大部分经济体的GDP增长仍居于负值区间，未能挽回2020年全年的经济衰退程度为"大萧条"以来之最的局面。

（二）2021年复苏加快，但分化显现

进入2021年后，世界经济的复苏步伐加快，尤其是上半年，从2020年的低基数强劲反弹。

加快的原因，首先归功于疫苗接种速度的加快，至2021年中和年末全球疫苗接种率已分别达23.5%和57.6%。这使得各国的防疫措施得以进一步放松，消费者对于疫情的恐惧心理也明显降低，防疫方针向群体免疫方向发展，促使供需两端的各项经济活动快速恢复。同时，各国财政货币政策宽松的力度进一步增强，金融环境也更加友好，股市上扬，信用利差缩紧，资本向高新产业和新兴市场流动。下半年，随着基数效应的减小和奥密克戎等变异毒株的出现，增长速度放缓，但经济仍持续复苏。

从全年来看，全球GDP增长不仅转正，而且速度高达6.1%，比2020年的-3.1%高出9.2个百分点，两年正负抵消后仍有3个百分点的升幅，意味着全球GDP总量已超过疫情前2019年的规模。主要经济体中，2021年美国、中国、欧盟、日本、德国、法国、英国、韩国、印度、俄罗斯、巴西和印度尼西亚GDP分别增长5.7%、8.1%、5.4%、1.6%、2.9%、7.0%、7.4%、4.0%、8.9%、4.8%、4.6%和3.7%，比2020年高9.1、5.9、11.3、6.1、7.5、14.8、16.7、4.9、8.5和5.8个百分点，如表1所示。

表1还显示，新兴和发展中经济体，虽如前所提2020年的衰退程度低于发达经济体，但除中国、印度和阿根廷等外，2021年的复苏步伐也慢于发达经济体。这归咎于全球在疫苗接种率和政策支持有效性方面的分化。

疫苗接种率方面的分化很大，2021年末，发达经济体与新兴和发展中经济体的疫苗接种率分别为75.5%和55.2%；后者中低收入国家更低，仅为7.9%。以疫苗接种率，全球经济复苏形成了两组阵营：一组是随疫情威胁消解而经济活动快速恢复的国家，另一组为仍面临疫情重大威胁而经济活动持续受阻的国家。前者主要是发达经济体和部分新兴市场经济体，包括美国、欧盟、中国和东盟五强等，后者主要包括非洲、拉丁美洲及中东的发展中经济体。

关于政策支持，财政政策的分化明显，美国继续提供大规模财政支持，推出"美国就业计划"和"美国家庭计划"，其他发达经济体包括法国、德国、意大利、英国、日本和韩国等出台大量的新支持措施，如"下一代欧盟基金"项目，而许多新兴市场和发展中经济体，如巴西、匈牙利、墨西哥、俄罗斯和土耳其等着手重建财政缓冲，不得不缩减财政赤字。货币政策也分化显现，发达经济体的中央银行保持政策利率水平不变，继续资产购买，很多新兴市场和发展中经济体的央行却不得不减小宽松力度，以应对价格的上行。

（三）2022年复苏受阻，分化加剧

可是，2021年的复苏势头跨年至2022年后受到一系列突变因素的冲击而受阻，包括2月爆发的俄乌冲突、年初开始的全球通胀飙升、3月起步的美国加息和第二季度的中国经济失速等。

年初时市场的预测是，在奥密克戎变异毒株的短暂影响过后，全球经济复苏将恢复有力势头。但2月4日俄罗斯开始对乌克兰的特别军事行动和其后西方国家对俄罗斯实施的一系列严厉制裁首先消解了这一势头。俄乌冲突导致乌克兰经济骤然下滑，俄罗斯经济大幅收缩，周边国家经济也受影响下跌，更重要的是通过大宗商品市场、贸易与金融的实体渠道和前景预期的信心渠道产生全球溢出效应，既削弱了全球经济增长，更大幅地推高了国际市场天然气、石油和粮食的价格。

通胀于2021年下半年已在很多国家上升。俄乌冲突通过推高能源和粮食的价格大大加剧了这一上升趋势，导致全球性的通胀攀升。2022年8月，美国和英国的消费者价格指数分别同比上涨8.3%和8.6%，创下了40年来的最高水平；欧元区的通胀率更高达9.1%，为欧洲货币联盟成立以来的最高水平。工资的上升速度显然跑输如此高的通胀率，从而大大削弱了家庭的消费需求进而削弱经济增长。据国际货币基金组织2022年7月发布的《世界经济展望》，预计2022年世界消费者价格指数上涨8.3%，发达经济体为6.6%，新兴市场和发展中经济体更高达9.3%，不可谓不攀升。

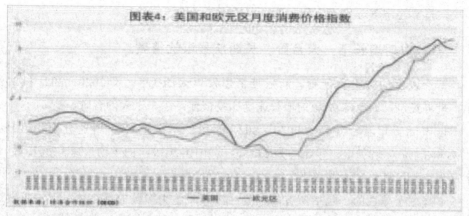

图表4：美国和欧元区月度消费价格指数

数据来源：经济合作组织（OECD）　　　—— 美国　—— 欧元区

面对通胀攀升，以美联储为首，各国央行迅速并大幅地收紧货币政策。美联储收紧的步伐之快与之大超出市场预期，自3月以来已连续5次加息，共计300个基点，加至3.0-3.25%的高位，同时资产购买转为卖出。其他发达经济体央行也相继推出了货币政策紧缩措施或计划，各国利率大幅上升。值得一提的是，与过去相比，此次部分新兴市场和发展中经济体的央行在加息中更为激进，大大拖累了经济增长。与此同时，各国对于新冠疫情的财政支持措施也陆续撤销。如此，各国的经济复苏进程骤然减慢。

中国经济第二季度的失速归因于上海及长三角和珠三角的部分城市3月份疫情突然恶化，致使政府大大收紧防疫措施。上海实行了严格的防疫封锁，迫使全市经济活动暂停了8周左右；其结果，第二季度上海GDP同比大幅收缩13.7%。同时，房地产行业进一步低迷，房地产销售和投资均大幅下滑。由于上海和房地产行业在全国经济中举足轻重的地位，第二季度中国GDP仅增长0.4%，大大低于此前4%以上的市场预测。如此的失速虽是暂时性的，中国经济下半年已明显反弹，但全年的增速与年初的市场预测相比将放缓1个百分点以上。多年来中国经济对世界经济增长的贡献度一直超过1/3，中国经济的放缓自然削弱了世界经济的复苏势头。

如此，世界经济复苏的步伐大幅减慢。国际货币基金组织（IMF）2022年10月报告预测，2022年全球GDP将增长3.2%，比年初时的预测下调1.2个百分点；发达经济体与新兴市场和发展中经济体的增速分别为2.4%和3.7%。

在此轮复苏受阻过程中，大部分的新兴市场和发展中经济体面临更多和更大的阻力。除了防疫能力和政策支持继续较弱外，这些经济体受俄乌冲突造成的粮食和能源供应受阻和价格上升的打击更大，而美元大幅加息更导致其国内资本外流，迫使其更快地加息，从而重挫经济增长。据国际货币基金组织2022年10月份的预测，2022年新兴市场和中等收入经济体、欧洲新兴市场和发展中经济体和拉美和加勒比海地区的GDP增速将分别为3.6%、0%和3.5%，为2021年的近一倍或以上，世界经济复苏步伐的分化进一步显现。

三、中期增长下一大台阶，长期前景堪忧待察

基于以上的分析和预测，新冠疫情爆发以来的3年，即2020、2021和2022年，世界经济，即全球GDP的增长速度比疫情前下了一个大的台阶。

据国际货币基金组织，2020、2021和2022年全球GDP增速分别为-3.1%、6.1%和3.2%（预测），三年年均为2.0%，比2010—2019年的年均增速3.7%下降1.7个百分点，按百分比计则降幅为46%，不可谓不显著。

下降是全球性的，包括所有的主要经济体和绝大多数的经济体，无论是发达的、发展中的还是新兴的，区别只在于程度，如图表3所示。

若根据世界银行6月份关于2023和2024年全球GDP分别增长3.0%和3.0%的预测，2020—2024年5年的年均增速为2.4%，比疫情前10年3.7%的增长水平低1.3个百分点，意味着这5年世界经济将分别承受6.5个百分点以上的增长损失。这已经是乐观的预测了；国际货币基金组织10月报告已将2023年世界经济增长的预测降低至2.7%，最近世界银行也指出了2023年全球经济陷入衰退的风险。当然，这不能完全归咎于新冠疫情，是各种因素造成的，新冠疫情是主要因素之一，也包括俄乌冲突、通胀攀升和央行货币政策紧缩。

更值得关注的是，虽然疫情仍在持续，疫情结束后经济将更快地复苏，但复苏的力度如何，世界经济的增长速度能否恢复到疫情前的水平，目前是一个不确定性。全球GDP增长今后将在一个更为低速的轨道上运行，告别"3"而进入"2"甚至"1"的衰退时代的可能性不能排除。这意味着世界经济中长期增长潜力的显著降低，将是各项基本面因素共同导致的结果，新冠疫情的后遗症可能是其中之一，而全球经济增长动能被多年来由美联储驱使的全球性货币财政政策大松大紧的折腾所根本性地削弱，俄乌冲突进一步灾难性地发展和美国加速与中国脱钩，将是主要威胁。同时，各经济体之间的增长分化和贫富差距将进一步拉大。如此的前景并非杞人忧天，有待密切观察和认真对待。

材料9 中美抗疫比较

这是一组触目惊心的对比数字：美国新冠确诊病例数是中国的379倍，死亡病例数是中国的193倍。据约翰斯·霍普金斯大学数据，截至2022年6月7日，美国累计确诊病例8499.6万，累计死亡100.9万例。据中国31个省（自治区、直辖市）和新疆生产建设兵团报告，累计确诊病例22.4万，累计死亡5226例。中美抗疫差别为何如此之大？分别对本国和世界经济带来哪些不同影响？复旦大学国际

政治系教授沈逸和公共卫生和流行病学专家曾光如是说。

新华网：美国是世界上最发达的国家，人口不到中国的1/4，但确诊和死亡病例数却是中国的数百倍。您如何看待这组触目惊心的数字？

沈逸：应对新冠疫情的冲击和考验，实际上是对各个国家政府能力、国家能力，以及从本质上来说也是对特定国家体制机制的一场极限压力测试，测试结果应该说对比非常鲜明。面对公共卫生危机，（美国）它没有办法做出公众所需要的、公共卫生应有的反应。在早期美国应对新冠疫情的关键时刻，等它还有时间做出不同反应的时候，基于选举政治、政党政治的考量，阻断了它采取有效措施。有调查显示，以ICU的病床数为代表的高端医疗资源，美国的人均数量是中国的10倍；美国应对大规模传染疾病的调查显示，它的排名和准备能力排全球第一。但很显然，这些数字反映出来的问题是相当触目惊心的。其实美国的公共卫生能力非常差，甚至没有严格意义上的公共卫生概念。基于新自由主义市场化的发展，使得它只有一个高度发达的、以市场化利益驱动的医疗系统。

新华网：中美两国在疫情反应速度、防疫物资生产调配、疫苗接种率和口罩佩戴率等方面也存在较大差距，背后的原因是什么？

曾光：美国的临床救治能力、公共卫生建设、基础性研究等方面都比中国有利得多，但是结果为什么这样令人吃惊？我想有以下的原因。一是美国在疫情早期实际上是受美国过去流感防控（惯性影响）。美国主张和病毒共存，把新冠当成了大号流感，等于在传播过程中没有设防，缺乏最根本的、基本的公共卫生防护。二是美国的国家机器通过它的运转来防控疫情出现了很多严重的、不协调的问题，比如说防控的科学性和采取的行政手段不匹配。另外，美国人心不齐，各党派之间、联邦和各州之间等部门不能协调一致，甚至连戴口罩这一项（措施）都迟迟落实不下来。

对比我们国家，首先中国一开始就采取了正确的、以公共卫生防控的、国家动员主导的正确防控路线。另外，（我们）早期实施了非常有效的联防联控，打赢了关键的战役。中国发现的每个病例都要及时送到医院救治，发现的每个密切接触者都要依法进行集中隔离，很早就切断了它的传播链。

我们再看疫情防控的下半段，当大规模的疫苗接种开始以后，中国和美国都是在世界上研制疫苗比较领先，而且比较大规模接种新冠疫苗的国家，但中国（疫苗）生产能力和接种能力都要高于美国。我们国家一边大规模接种疫苗，一边采取"动态清零"策略。我们"动态清零"的大方针是明确的，但是我们具体的防控策略又不断进步，在与时俱进中体现了中国的领导能力和协调能力。我想我们国家是绝不会采取像美国采取的"和病毒共存"（策略）。因为那种口号一开始就不正确，早期欧美国家都在这个口号下打了败仗，现在它们采取共存，风险也是很大的。

新华网：中美两国的抗疫表现分别对本国和世界经济复苏带来哪些不同影响？

曾光：（中国）这种防控也在经济上有很大的回报。2020年中国是世界主要经济体中唯一经济正增长的国家，而美国出现比较大幅度的负增长。

沈逸：从中长期来看，对于世界经济的复苏带来的影响是很不一样的。

从美国来说，它带来的基本影响就是以邻为壑、祸水外引，说穿了就是利用美国在全球货币体系中的特殊地位，通过一种听上去包装得很好听，什么功能性货币理论等等，其实说穿了就是无限制地印钞，通过美元的这种特殊优势，尝试将美国国内的包括通货膨胀在内的问题向世界输出，从而为世界经济复苏提供一种阻断性的力量，将美国自身的发展和世界经济的复苏对立起来。这种对立是基于一种自私自利的考量，而不是基于正确的认识和客观规律。

中国则相反，中国很清晰地认识到任何国家和世界都是一体的，没有什么国家能够损世界肥自己，体量达到中美这样的国家更是如此。对于中国来说，基于人类命运共同体理念，就是（希望）世界好、中国好，中国好、世界好，大家要好就是一起好，是这样一种状态。中国政府真正着眼于本国和世界经济的良性发展，制定和出台一些务实政策，而不是像美国或者（它的）一些欧洲盟友一言不合就基于自己狭隘的认知，出台一些事实上是在对抗经济规律的政策，形成了非常鲜明的反差和对比。中国正在日趋明显地成为世界经济发展的主要动力来源，而美国则越来越多地成为一种阻碍，这也是一个肉眼可见的发展趋势。

新华网：中美抗疫成效对比，正是不同抗疫宗旨的真实写照。造成这么大区别的根本原因是什么？

沈逸：其实就是由中美两国体制和机制，或者更直白地说制度性差异所导致的。对于美国来说，一个执政的党派是若干个政党中的一个，它执政遵循的理念核心就是持续巩固自己对于政权的控制。出了任何问题，要么是对手党派做得不好，要么是外面有敌人干扰我，反正我是完美的。对于这些党派来说，美国这种竞选性的、竞争性的政治制度，他们称之为民主，其实和西方民主的本意，亚里士多德说政治的本质在于让人过上美好生活，对于美国现在的情况，很难说它死了100万人的抗击新冠疫情的生活是美好的。用福山的话来讲，这反映出来的就是国家能力问题。

当然这种差异能够发生，最关键的原因是中国落实的抗疫宗旨是真正意义上的以人为本、以生命为本。美国政府也这么说，但更关键的、真实的宗旨是以"票"为本，以它自身的利益为本，以利润收益为本，它甚至希望把整个新冠疫情变成一个重大的市场机遇，去谋取这方面的垄断性利润，为它的霸权张目。在这样的情况下，中美两国呈现出如此显著的对比也就不足为奇了。

案例思政元素讨论分析

1、经济周期和我们的生活有什么联系？

2、如何预防经济周期带来的风险？

3、社会主义制度在化解经济周期风险时的优越性有哪些？

4、结合中国应对新冠疫情的举措，谈一谈你对"以人民为中心"的理解。

5、社会主义制度在抗击疫情方面，体现出怎样的制度优势？

参考文献

1、什么是经济泡沫？经济泡沫是怎样形成的？[EB/OL].搜狐网，2020.5.8

2、张来明，张瑾.亚洲金融危机回顾与思考 [EB/OL].中国经济时报，2022.8.19

3、次贷危机的回顾与启示：无限量宽与低利率的逆转 [EB/OL].平安证券，2022.6.23

4、下层基础决定上层建筑：美国大选年经济形势对总统连任的影响 [EB/OL].新浪财经，2020.6.20

5、熊彼特经济周期理论 [EB/OL].腾讯网，2020.9.24

6、我国居民消费周期波动研究 [EB/OL].腾讯网，2021.9.19

7、廖群，徐天启.疫情以来世界经济的下行、动荡及分化 [EB/OL].新浪网，2022.11.3

8、数字对比触目惊心，中美抗疫为何不同？[EB/OL].新华网，2022.6.11

第七章　经济增长

经济增长是一个古老的话题，旨在通过经典的经济增长模型揭示经济增长规律和影响经济增长的因素。

材料 1　中国经济的辉煌成绩

中华人民共和国成立以前，我国是一个落后的农业国。中华人民共和国成立之后，在迅速恢复国民经济的基础上，我们开始进行以工业化为中心的社会主义建设。改革开放以来，我国经济以世界少有的高速度持续发展，实现了从工业化初期阶段向工业化后期阶段的历史性跨越。1979-2018 年，我国 GDP 年均增长 9.5% 左右，高于同期世界经济年均增长率近 2 倍，经济规模的世界排名由 1975 年的第九位跃升至如今的第二位，约为排名第一的美国经济规模的 60%，人均 GDP 由 1978 年的 382 元增加到 2014 年的 46629 元，按当年汇率均值计算达到 7591 美元，进入中上等收入国家行列。

如果同美国作一简单对比，就会更直观地了解中国经济发展所取得的巨大成就。根据麦迪森主编的《世界经济二百年回顾》中的数据，1820 年美国 GDP 为 124 亿美元，1952 年中国 GDP 为 679 亿人民币，按 1990 年汇价为 142 亿美元，与美国 1820 年的 GDP 大体相当。美国经过 180 年的发展，到 2000 年 GDP 达到 10.28 万美元，中国经济 65 年的发展，到 2014 年 GDP 达到 10.36 万美元，与美国 2000 年的 GDP 大体相当。可见，从经济总量来看，中国用 65 年便取得了美国用 180 年取得的经济成就。

材料 2　能源消费趋势

能源消费量是一国工业发展状况的衡量指标。能源消费总量，指一定地域内，国民经济各行业和居民家庭在一定时间消费的各种能源的总和，包括从自然界能够直接取得或通过加工、转换取得有用能的各种资源：原煤、原油、天然气、水能、核能、风能、太阳能、地热能、生物质能等一次能源；一次能源通过加工、转换产生的洗煤、焦炭、煤气、电力、热力、成品油等二次能源和同时产生的其他产品；其他化石能源、可再生能源和新能源。其中水能、风能、太阳能、地热能、生物质能等可再生能源，是指人们通过一定技术手段获得的商品能源；核能仅包括作为能源使用的部分。

国际能源机构（IEA）的数据显示，包括煤炭、石油、天然气、核电和水电等能源在内，2009 年中国的能源消费量达到 22.52 亿吨油当量，比美国多 4%。这是中国的能源消费量首次超越美国，成为全球最大的能源消费大国。2009 年正值全球经济低迷、美国能源消费增长放缓甚至停滞，而当时中国的工业却不断增长，因此也就将中国推上了全球消费大国的宝座。

2021 年，全国一次能源生产总量 43.3 亿吨标准煤，比 2012 年增长 23.2%，年均增长 2.3%。截至 2021 年底，全国发电装机容量 23.8 亿千瓦，比 2012 年增长 1.1 倍，年均增长 8.4%。2021 年非化石能源发电装机首次超过煤电，装机容量达到 11.2 亿千瓦，占发电总装机容量的比重为 47%。水电、风电、太阳能发电装机均超过 3 亿千瓦，连续多年稳居世界首位。我国能源消费平稳增长，绿色低碳转型加快。2021 年，全国能源消费总量 52.4 亿吨标准煤，比 2012 年增长 30.4%，以年均 3% 的能耗增速支撑了年均 6.6% 的 GDP 增速。2021 年，煤炭占能源消费总量的比重由 2012 年的 68.5% 降低到 56%，下降 12.5 个百分点；石油占比由 17% 上升到 18.5%，提高 1.5 个百分点；天然气、水电、核电、新能源发电等清洁能源占比大幅提高。2021 年，我国单位国内生产总值（GDP）能耗比 2012 年累计降低 26.4%，年均下降 3.3%，相当于节约和少用能源约 14.0 亿吨标准煤。

材料 3　经济可持续发展的必要性

浙江东阳画水镇化工污染：从 2001 年起，东阳市画水镇政府以租赁土地的形式，开始建设竹溪化工园区，园区占地约千亩，共有 16 家企业入驻，开工投产的有 13 家，均为化工企业。由于环保问题管理不力，周边环境很快被污染，人们的生命健康和财产安全受到严重威胁。

四川沱江特大水污染案：2004年2月至4月，四川川化股份有限公司为了节省成本将工业废水排入沱江干流水域，大量鱼类被毒死，百万人断水，上千家企业、餐饮店被迫停产关闭，给成都、资阳等五市的工农业生产和人民生活造成严重影响。

2006年11月15日，四川泸州电厂燃油泄漏事故污染长江水体，事故造成污油进入长江，导致泸州市城区停水。另外，污染的江水还进入重庆境内形成跨界污染，造成不良社会影响。

随着数以千计的污染企业在江苏太湖沿岸聚集，尽管太湖治理一直没有停歇，但治理的速度终究赶不上污染的速度，由于水源地附近蓝藻大量堆积，厌氧分解过程中产生了大量的NH3、硫醇、硫醚以及硫化氢等异味物质，2007年5、6月间，太湖爆发了严重蓝藻污染，造成无锡全城自来水污染，生活用水和饮用水严重短缺，超市、商店里的桶装水被抢购一空。

2004年6月29日，"雾霾"一词开始在天气新闻中出现。当日的《北京日报》第八版发表题为《本市昨出现少见雾霾天》的报道。2012年2月29日，我国发布新修订的《环境空气质量标准》，增加了细颗粒物（PM2.5）监测指标。2013年1月1日，国家环境空气监测网正式运行。我国74个城市开始按空气质量新标准开展监测，并实时发布可吸入颗粒物（PM10）、细颗粒物（PM2.5）等监测数据和环境空气质量指数（AQI）等信息。2013年1月28日，PM2.5首次成为气象部门霾预警指标。将霾预警分为黄色、橙色、红色三级，分别对应中度霾、重度霾和极重霾。2013年1月28日，中央气象台发布了霾蓝色预警信号，这是我国首次发布单独的霾预警。2015年12月8日，北京首次发布雾霾红色预警，全市范围内实施机动车单双号行驶。2016年12月15日，环境保护部发布，从12月16日起至21日，受不利气象条件影响，京津冀及周边地区将发生今年入秋以来最严重的一次重污染天气过程。北京、天津等20多个城市发布了红色预警，济南等10多个城市发布了橙色预警。

材料4 中国经济增长的"新常态"

中国自改革开放30多年来，GDP增速只有四次连续2-3年低于8%：第一次是1979-1981年，第二次是1989-1990年，第三次是1998-1999年，第四次是2012-2014年。前三次回落主要是受到外部短期因素的干扰，每次过后GDP增速又会回到高速增长的轨道上，而第四次回落则是经济增长的根本性转换。我国GDP增速放缓，引起了国内外各个阶层的密切关注，引发了对于中国经济增长的种种担忧，甚至有人借此鼓吹中国崩溃论。在这种形势下，习近平总书记作出中国经济要适应"新常态"这一重要表述，这不仅是在对中国经济增长形势进行准确分析后作出的战略认识，同时也是对未来一段时间内中国经济政策做出的明确安排。

美国著名学者迈克尔·波特将经济增长划分为四阶段。第一阶段是要素驱动阶段，一国或地区主要依靠土地、资本、劳动力等生产要素的大量投入驱动经济增长，其主导型产业是煤炭、石油等。第二个阶段是投资驱动阶段，主要靠大规模投资来促进经济增长，钢铁、制造等重化工业是该阶段的主导产业。第三阶段是创新驱动阶段，主要依靠知识创造和应用，提高企业自主创新能力，从而驱动经济长期、稳定增长，IT、新能源、生物医药等技术密集型产业占据主导地位。第四阶段是财富驱动阶段。从中国经济的实际运行情况来看，进入"十二五"后，随着经济发展阶段和要素资源禀赋结构的变化，特别是人口结构发生的重大变化，人口结构老龄化和劳动年龄人口绝对量减少，导致用工成本快速上升，劳动力成本低的优势迅速减弱。随着各种要素和资源价格的连续上涨，传统依靠低成本的要素规模扩张推动经济增长的模式已难以为继，经济增长将全面转向创新驱动，让位于更多依靠人力资本和技术进步的质量效率型集约增长方式。所谓"新常态"，是指我国经济进入世界中等偏上水平国家行列和全球经济遭遇次贷危机冲击后，和过去30多年经济发展相比，中国所出现的经济增速减慢、经济结构转型、经济增长动力转化的新现象。在新常态下，要素的比较优势发生了明显变化，因此中国未来的经济增长将从投资驱动、要素驱动迈向创新驱动，将更多地依靠人力资本质量和技术进步，让创新成为推动经济发展的新引擎，同时宏观调控的思路和方式也要随之适应和转型。

很多专家认为，新常态主要有如下四个特征。

1、中高速。从速度层面看，经济增速换挡回落、从过去10%左右的高速增长转为7%—8%的中高速增长是新常态的最基本特征。

2、优结构。从结构层面看，新常态下，经济结构正在发生全面变化。产业结构方面，第三产业逐步成为产业主体。2013年，中国第三产业（服务业）增加值占GDP比重达46.1%，首次超过第二产业。需求结构方面，消费需求逐步成为需求主体。城乡区域结构方面，城乡区域差距将逐步缩小。收入分配结构方面，居民收入占比上升，更多分享改革开放成果。

3、新动力。从动力层面看，新常态下，中国经济将从要素驱动、投资驱动转向创新驱动。

4、多挑战。从风险层面看，新常态下面临新的挑战，一些不确定性风险显性化。

"新常态"不仅仅是经济增长速度的提升，而是要逐步实现中国经济发展方式的转型，使得中国经济逐步驶向经济结构更加均衡、环境更加友好、收入分配更加包容、经济增长更具创造力、国际市场更具竞争力的新模式转变。

材料5 "十三五"我们收获了什么?

自1972年中国政府开启了环境保护事业,今年正好是中国生态环境保护50年。中国生态环境保护从早期的"三废"治理,到重点污染城市治理,到"三河三湖二区一市一海",到污染物总量削减,到环境质量改善,到三大行动计划和污染防治攻坚战,再到2017年党的十九大提出的2035年基本实现美丽中国目标,尤其是"十三五"以来美丽中国建设的这个五年,中国的生态环境保护实现了历史性、转折性、全面性的跨越。中国生态环境保护正在进入一个以降碳为重点战略方向、推动减污降碳协同增效、促进经济社会发展全面绿色转型、实现生态环境质量改善由量变到质变的关键时期,全面开启了建设人与自然和谐共生的现代化、蓝天碧水净土绿地美丽中国的新征程。

这五年来,美丽中国建设取得阶段性进展。五年来,绿色发展成效逐步显现,煤炭消费占能源消费的比重下降到56%左右,清洁能源比重上升至25.3%,光伏、风能装机容量和发电量、新能源汽车产销量均居世界首位,其中2021年新能源汽车销售量同比增长1.6倍,占世界销售量的一半以上,成为世界利用新能源的和可再生能源第一大国。2020年,中国单位GDP二氧化碳排放比2015年下降18.8%,比2005年下降了48.4%,超过向国际社会承诺的40%—45%目标,也是全球能耗强度降低最快的国家之一,基本扭转了二氧化碳排放快速增长的局面。

这五年来,中国的生态环境质量持续改善。2017—2021年,全国地级及以上城市细颗粒物浓度下降25%、优良天数比例上升4.9个百分点,重污染天数下降近四成,蓝天白云、繁星闪烁已经成为常态。全国达到或好于III类水体比例上升至84.9%,劣V类水体比例下降至1.2%,清水绿岸、鱼翔浅底景象明显增多。土壤安全利用水平稳定提升,初步划定生态保护红线,持续开展大规模国土绿化行动,森林覆盖率达到23.04%,根据美国NASA观测的数据,2000年以来全球新增的绿化面积约25%来自中国,生态系统格局与生物多样性保护整体稳定,给老百姓留住了更多的鸟语花香、田园风光。老百姓对蓝天碧水的幸福感和认可度大幅上升,创造了最大发展中国家在经济社会快速发展同时有效保护环境的成功实践。

这五年来,现代生态环境治理能力不断提升。主体功能区制度逐步健全,中央生态环境保护督察向纵深发展,排污许可、生态补偿、禁止洋垃圾入境等环境治理制度加快推进,生态文明"四梁八柱"制度体系基本形成。同时积极参与全球环境与气候治理,作出力争2030年前实现碳达峰、2060年前实现碳中和的庄严承诺,把"双碳"纳入生态文明建设和高质量发展的整体布局中。

材料6 影响经济增长的因素：全要素生产率

随着工业化进程基本完成，依靠资本和劳动力大量投入来引领的经济高速增长的时代已经远去，接下来，我国经济发展的主要动能将会来自哪里？对此，北京大学光华管理学院院长刘俏在第二十二届北大光华新年论坛上表示，全要素生产率的增长将会成为中国经济增长最重要的动能。到2035年，我国经济总量或人均GDP要实现翻一番，关键在于全要素生产率的提高。刘俏介绍，当前我国全要素生产率水平是美国的43.3%，要实现2035年我国GDP或人均GDP翻一番，届时我国全要素生产率需要达到美国的65%，这意味着未来15年我国的全要素生产率增速每年要比美国多出近1.95个百分点，即保持在2.5%—3%的增速。他认为，需要从供给端、需求侧推进综合改革，并从四方面最终形成全要素生产率的坚实基础。

第一，随着工业化进程的结束，我国正加速进行产业数字化转型，意味着将通过数字化转型的方式进行一次再工业化，将会成为全要素生产率增速最主要的来源之一。

第二，数字化转型和产业互联网相对应的基础设施建设，即新基建，这方面的大量投资也会带来全要素生产率的有力增长。

第三，我国作为制造业大国，制造业的不断发展也将为全要素生产率的增长带来空间。当前我国制造业占GDP的27%以上，未来5—10年制造业也将保持一定份额。

第四，进一步改革开放带来的显著红利有待释放。随着改革开放进一步的深入，资源配置效率将得到提升，也会带来全要素生产率提升的广阔空间。

材料7 区域协调发展

党的十八大以来，随着京津冀协同发展、长江经济带发展、粤港澳大湾区建设、黄河流域生态保护和高质量发展等区域重大战略的谋划部署，西部大开发、东北振兴、中部崛起等政策体系的进一步完善，区域协调发展取得了历史性成就、发生了历史性变革。国家统计局发布的数据显示，2021年，东部、中部、西部地区生产总值分别为59.2万亿元、25万亿元、24万亿元。按不变价核算，2013-2021年，三个地区生产总值分别年均增长7%、7.5%、7.7%，中西部地区发展速度领先于东部地区。此外，从居民人均可支配收入看，2021年，东部、中部、西部区域的居民人均可支配收入分别为44980元、29650元、27798元，最高的东部和最低的西部之间的收入比，由2013年的1.7：1缩小至1.62：1，区域良性互动，相对差距逐步缩小。

京津冀协同发展是新时代第一个区域重大战略，设立河北雄安新区，则是深入推进京津冀协同发展、有序疏解北京非首都功能的重要举措。自2017年设立以来，雄安新区经过5年多的规划和建设，已进入承接北京非首都功能和建设同步推进的重要阶段。目前，雄安新区100多个建设项目加速推进，累计完成投资超过4000亿元。首批标志性疏解项目加快在新区落地，中国星网、中国中化、中国华能等3家央企总部启动建设，中国矿产资源集团注册落地，首批疏解的高校、医院基本确定选址。同时，一批符合新区功能定位的市场化疏解项目落地建设。

投资是拉动经济增长的"三驾马车"之一。在国内经济内循环的大背景下，不断拓展深化以"西部大开发、东北振兴、中部崛起、东部率先发展"为主要内涵的区域发展总体战略，使得区域投资协同性不断增强。统计数据显示，2013~2021年，东部、中部和西部地区投资年均增长分别为7.9%、10.8%和8.9%。2021年，东部地区占全国投资的比重为44.4%，比2012年下降0.7个百分点。中、西部地区占全国投资的比重分别为26.2%和26.3%，比2012年分别提高5.4和1.8个百分点。此外，2020年和2021年，东北地区投资增速分别比全国高1.4和0.8个百分点。另一方面，在区域重大战略推动下，2013~2021年，京津冀三省市投资年均增长5%。而在推动京津冀协同发展的进程中，产业升级转移也在有序进行，2021年北京、天津高技术制造业投资同比分别增长99.6%和22.5%，河北信息传输、软件和信息技术服务业投资增长22.8%。2013-2021年，长三角三省一市投资年均增长8.6%，长三角一体化发展进展顺利，基础设施互联互通水平持续提升，现代化综合交通运输体系基本建成。2016-2020年，粤港澳大湾区固定资产投资累计超过2万亿元，年均增长11.5%，港珠澳大桥、广深港高铁香港段等重大基础设施项目相继建成。此外，依托长江经济带发展战略，2013-2021年，长江经济带覆盖的11个省市投资合计年均增长11.4%，增速比全国高1.7个百分点。2021年长江经济带占全国投资的比重为44.3%，比2012年提高8个百分点。2013-2021年，黄河流域9个省区投资合计年均增长7.8%。随着黄河流域生态保护和高质量发展战略的深入推进，黄河流域持续优化调整区域经济和生产力布局，2020年和2021年黄河流域投资增速分别比全国高1.1和0.7个百分点。

随着脱贫攻坚工作扎实推进以及乡村振兴战略深入实施，农村居民收入增长快于城镇居民，城乡居民收入相对差距缩小。包含镇区和乡村地区的县乡消费市场活力被有效激发，消费潜力得到进一步挖掘，县乡消费市场发展步伐加快，市场占比明显提升。2021年，镇区和乡村消费品零售额分别达10.8万亿元和5.9万亿元，2013~2021年年均分别增长10.4%和9.8%，增速分别高于城区消费品零售额

2.3个和1.7个百分点；镇区和乡村合计的消费品零售额占社会消费品零售总额的比重由2012年的34%提高至2021年的38%。统计数据显示，东部、东北、中部与西部地区居民人均可支配收入比分别从2013年的1.7、1.29、1.1下降至2021年的1.63、1.11、1.07。中西部地区人均社会消费品零售总额增速快于东部地区。而随着东部产业持续向中西部转移，中西部地区就业机会和吸引力不断增加，农民工跨省迁移数量明显减少。从各区域增长情况看，中、西部地区消费市场增速较高。2013~2021年，中部和西部地区消费品零售额年均分别增长10%和9.7%，增速分别比东部地区消费品零售额增速高1.6和1.3个百分点。从各区域占比情况看，区域结构更趋合理。2021年，东部地区消费品零售额占全国社会消费品零售总额的比重由2012年的52.5%下降至2021年的50.6%；中、西部地区消费品零售额占比与东部地区的差距分别由2012年的30.7和33.1个百分点缩小至2021年的26.5和29.6个百分点。

材料8 乡村振兴进行时

民族要复兴，乡村必振兴。习近平总书记在中央农村工作会议上强调，脱贫攻坚取得胜利后，要全面推进乡村振兴，这是"三农"工作重心的历史性转移。全面推进乡村振兴落地见效，要加快发展乡村产业，加强社会主义精神文明建设，加强农村生态文明建设，深化农村改革，实施乡村建设行动，推动城乡融合发展见实效，加强和改进乡村治理。

加快发展乡村产业。

乡村振兴，关键是产业要振兴。要鼓励和扶持农民群众立足本地资源发展特色农业、乡村旅游、庭院经济，多渠道增加农民收入。（2018年4月11日至13日，习近平在海南考察时强调）

要加强易地搬迁后续扶持，因地制宜发展乡村产业，精心选择产业项目，确保成功率和可持续发展。要把群众受益摆在突出位置，从产业扶持、金融信贷、农业保险等方面出台政策，为农村经济发展提供有力支持。（2020年5月11日至12日，习近平在山西考察时强调）

要加快发展乡村产业，顺应产业发展规律，立足当地特色资源，推动乡村产业发展壮大，优化产业布局，完善利益联结机制，让农民更多分享产业增值收益。（2020年12月28日至29日，习近平在中央农村工作会议上强调）

加强社会主义精神文明建设。

农村精神文明建设很重要，物质变精神、精神变物质是辩证法的观点，实施乡村振兴战略要物质文明和精神文明一起抓，特别要注重提升农民精神风貌。（2017年12月12日至13日，习近平在江苏徐州市考察时强调）

要推动乡村文化振兴，加强农村思想道德建设和公共文化建设，以社会主义核心价值观为引领，深入挖掘优秀传统农耕文化蕴含的思想观念、人文精神、道德规范，培育挖掘乡土文化人才，弘扬主旋律和社会正气，培育文明乡风、良好家风、淳朴民风，改善农民精神风貌，提高乡村社会文明程度，焕发乡村文明新气象。（2018年3月8日，习近平参加十三届全国人大一次会议山东代表团审议时强调）

要加强社会主义精神文明建设，加强农村思想道德建设，弘扬和践行社会主义核心价值观，普及科学知识，推进农村移风易俗，推动形成文明乡风、良好家风、淳朴民风。（2020年12月28日至29日，习近平在中央农村工作会议上强调）

加强农村生态文明建设。

新农村建设一定要走符合农村实际的路子，遵循乡村自身发展规律，充分体现农村特点，注意乡土味道，保留乡村风貌，留得住青山绿水，记得住乡愁。（2015年1月19日至21日，习近平在云南考察工作时强调）

希望乡亲们坚定走可持续发展之路，在保护好生态前提下，积极发展多种经营，把生态效益更好转化为经济效益、社会效益。（2020年3月29日至4月1日，习近平在浙江考察时强调）

要加强农村生态文明建设，保持战略定力，以钉钉子精神推进农业面源污染防治，加强土壤污染、地下水超采、水土流失等治理和修复。（2020年12月28日至29日，习近平在中央农村工作会议上强调）

深化农村改革。

解决农业农村发展面临的各种矛盾和问题，根本靠深化改革。新形势下深化农村改革，主线仍然是处理好农民和土地的关系。最大的政策，就是必须坚持和完善农村基本经营制度，坚持农村土地集体所有，坚持家庭经营基础性地位，坚持稳定土地承包关系。要抓紧落实土地承包经营权登记制度，真正让农民吃上"定心丸"。（2016年4月25日，习近平在农村改革座谈会上强调）

要深化农村改革，加快推进农村重点领域和关键环节改革，激发农村资源要素活力，完善农业支持保护制度，尊重基层和群众创造，推动改革不断取得新突

破。（2020年12月28日至29日，习近平在中央农村工作会议上强调）

实施乡村建设行动。

浙江省15年间久久为功，扎实推进"千村示范、万村整治"工程，造就了万千美丽乡村，取得了显著成效。我多次讲过，农村环境整治这个事，不管是发达地区还是欠发达地区都要搞，但标准可以有高有低。要结合实施农村人居环境整治三年行动计划和乡村振兴战略，进一步推广浙江好的经验做法，因地制宜、精准施策，不搞"政绩工程"、"形象工程"，一件事情接着一件事情办，一年接着一年干，建设好生态宜居的美丽乡村，让广大农民在乡村振兴中有更多获得感、幸福感。（2018年4月，习近平作出重要指示强调）

要实施乡村建设行动，继续把公共基础设施建设的重点放在农村，在推进城乡基本公共服务均等化上持续发力，注重加强普惠性、兜底性、基础性民生建设。要接续推进农村人居环境整治提升行动，重点抓好改厕和污水、垃圾处理。要合理确定村庄布局分类，注重保护传统村落和乡村特色风貌，加强分类指导。（2020年12月28日至29日，习近平在中央农村工作会议上强调）

推动城乡融合发展见实效。

要把乡村振兴战略这篇大文章做好，必须走城乡融合发展之路。我们一开始就没有提城市化，而是提城镇化，目的就是促进城乡融合。要向改革要动力，加快建立健全城乡融合发展体制机制和政策体系。要健全多元投入保障机制，增加对农业农村基础设施建设投入，加快城乡基础设施互联互通，推动人才、土地、资本等要素在城乡间双向流动。要建立健全城乡基本公共服务均等化的体制机制，推动公共服务向农村延伸、社会事业向农村覆盖。要深化户籍制度改革，强化常住人口基本公共服务，维护进城落户农民的土地承包权、宅基地使用权、集体收益分配权，加快农业转移人口市民化。（2018年9月21日，习近平在十九届中央政治局第八次集体学习时的讲话）

要推动城乡融合发展见实效，健全城乡融合发展体制机制，促进农业转移人口市民化。要把县域作为城乡融合发展的重要切入点，赋予县级更多资源整合使用的自主权，强化县城综合服务能力。（2020年12月28日29至日，习近平在中央农村工作会议上强调）

加强和改进乡村治理。

要夯实乡村治理这个根基。采取切实有效措施，强化农村基层党组织领导作用，选好配强农村党组织书记，整顿软弱涣散村党组织，深化村民自治实践，加

强村级权力有效监督。(2019年3月8日,习近平参加十三届全国人大二次会议河南代表团审议时强调)

要加强和改进乡村治理,加快构建党组织领导的乡村治理体系,深入推进平安乡村建设,创新乡村治理方式,提高乡村善治水平。(2020年12月28日至29日,习近平在中央农村工作会议上强调)

材料8 高质量发展

2012—2022,十年非凡历程,中国经济发展写下浓墨重彩的篇章。

10年来,中国经济总量从50万亿元量级跃至114万亿元,占世界经济比重从11.3%上升到超过18%;人均GDP从6300美元升至超1.2万美元,形成超4亿人世界最大规模中等收入群体;近1亿农村贫困人口实现脱贫,历史性解决了困扰中华民族几千年的绝对贫困问题……"国家经济实力、科技实力、综合国力跃上新台阶,我国经济迈上更高质量、更有效率、更加公平、更可持续、更为安全的发展之路。"

2016年以来,习近平总书记亲自部署和推动长江经济带发展,中华民族母亲河走上生态优先、绿色发展之路。截至2021年底,长江经济带国控断面水质优良比例达92.8%,较2015年上升25.8个百分点,高于全国平均水平7.9个百分点;长江经济带11省市经济总量占全国比重达46.6%,较2015年提高1.5个百分点。这些显著变化,生动诠释新发展理念的蓬勃生机。

10年来,我国坚持创新在现代化建设全局中的核心地位,把科技自立自强作为国家发展的战略支撑。全社会研发投入占国内生产总值比重由1.91%提高到2.44%;全球创新指数排名由第34位升至第12位;"嫦娥"奔月、神舟巡宇、北斗组网、高铁自主技术体系初步建立、5G基站占全球总数超60%……中国特色自主创新道路越走越宽广。

保护生态环境就是保护生产力,改善生态环境就是发展生产力。祁连山经历"史上最严"整改,由"黑"变"绿";内蒙古能耗指标结束连续增长态势,由"红"转"绿";中国植树造林约占全球人工造林四分之一……10年来,一个个鲜活案例彰显发展底色之变,"绿水青山就是金山银山"的理念深入人心,2021年全国地级及以上城市空气质量优良天数比率达87.5%……美丽中国建设迈出重大步伐。

保障国家粮食安全是一个永恒的课题,任何时候这根弦都不能松。10年来,我国牢牢把住粮食安全主动权,坚持藏粮于地、藏粮于技战略,严守18亿亩耕地红线,累计建成9亿亩高标准农田,深入实施种业振兴行动,粮食产量连续7年稳定在1.3万亿斤以上，实现谷物基本自给、口粮绝对安全。

能源安全是关系经济社会发展的全局性、战略性问题。我国以年均约2.9%的能源消费增长支撑了6.2%的国民经济增长，构建起清洁低碳、安全高效的能源体系。

10年来，我国持续深化供给侧结构性改革，坚定实施扩大内需战略；京津冀协同发展、长江经济带发展、粤港澳大湾区建设、长三角一体化发展、黄河流域生态保护和高质量发展等区域重大战略渐次铺开；以人为核心的新型城镇化和乡村振兴同频共振……超大规模市场潜力持续释放。

高质量发展，是新时代中国经济发展的鲜明主题。

材料9　中国经济"双循环"

"在危机中育新机、于变局中开新局。"2020年，中共中央首次提出"构建以国内大循环为主体、国内国际双循环相互促进的新发展格局。"这是根据中国发展阶段、环境、条件变化作出的战略决策，是事关全局的系统性深层次变革，如何从全局高度准确把握和积极推进？

34.8%——这是2022年一季度中国对外贸易依存度，这一数据在十几年前曾达到67%；96.3%——这是2022年一季度内需对我国经济增长的贡献率，数据上升，超大规模市场优势持续显现。一升一降之间，显示着中国经济由外而内的动能变化。当下，百年变局和世纪疫情交织，经济全球化遭遇逆流，世界经济复苏不确定性加剧，我们如何扩大内需？需着力培育完整内需体系，充分激发国内需求潜力，消费和投资稳定恢复，供需循环进一步畅通。中国已成为全球第二大消费市场，市场虽大，却"大而不强"：商品要素自由流动存在隐性壁垒，规则和标准体系建设有待进一步统一，地方保护现象仍然存在，等等。

习近平主持召开中央全面深化改革委员会第二十三次会议时强调，构建新发展格局，迫切需要加快建设高效规范、公平竞争、充分开放的全国统一大市场，建立全国统一的市场制度规则，促进商品要素资源在更大范围内畅通流动。反垄断法、反不正当竞争法加快修订，公平竞争制度机制日趋完善；要素市场化配置改革深入推进，劳动力和人才流动渠道进一步畅通；首部现代流通体系建设规划公布……"硬设施"项项落地，"软环境"步步提升，持续为畅通国民经济循环、形成强大国内市场保驾护航。

构建新发展格局，是与时俱进提升我国经济发展水平的战略抉择，也是塑造我国国际经济合作和竞争新优势的战略抉择。但是，构建新发展格局，不是关起门来搞建设，而是要继续扩大开放。

"新发展格局决不是封闭的国内循环，而是开放的国内国际双循环。"习近平总书记多次强调，"以国内大循环为主体，绝不是关起门来封闭运行，而是通过发挥内需潜力，使国内市场和国际市场更好联通，更好利用国际国内两个市场、两种资源，实现更加强劲可持续的发展。""中国扩大高水平开放的决心不会变，中国开放的大门只会越开越大。"

下好先手棋，打好主动仗。"加快构建新发展格局，就是要在各种可以预见和难以预见的狂风暴雨、惊涛骇浪中，增强我们的生存力、竞争力、发展力、持续力。"这十年，中国经济总量占全球经济比重由 11.4% 上升到 18% 以上，对世界经济增长的贡献总体上保持在 30% 左右；制造业增加值占全球比重从 22.5% 提高到近 30%，单位 GDP 二氧化碳排放量却累计下降约 34%。中国不仅"卖全球"，同时也"买全球"、"惠全球"，让中国市场成为世界的市场、共享的市场、大家的市场，为国际社会注入更多正能量。如今，广交会、消博会、服贸会、进博会等一系列国际经贸盛会形成强大矩阵，为各国共享机遇、扩大交流搭建了国际性平台；21 个自贸试验区及海南自由贸易港，形成了覆盖东西南北中的试点格局，"各显神通"为高水平对外开放"探路"。中国经贸"朋友圈"也越来越大。中国共建"一带一路"的"朋友圈"扩至 149 个国家、32 个国际组织；与 26 个国家和地区签署了 19 个自贸协定……

立足自身，持续释放内需潜能；坚持开放，深度融入全球经济。世界第二大经济体——中国构建新发展格局迈出新步伐，开启高质量发展新征程。

材料10 "二十大"绘经济发展蓝图

当百年变局叠加世纪疫情，中国经济、世界经济都面临剧烈变革。在这个非常时期，中共二十大指明了未来 5 年乃至更长时期中国经济的前进方向，这将对全球产生深远影响。此次大会对改革与发展理念和路径的坚持，将有效提振人们对世界经济前景的信心，避免悲观预期进一步蔓延。

在中国经济总量已达百万亿元人民币规模之际，二十大报告重申了中共多年来的信条：发展是党执政兴国的第一要务。报告中，"坚持和完善社会主义基本经济制度""毫不动摇巩固和发展公有制经济，毫不动摇鼓励、支持、引导非公有制经济发展"等几代中国人耳熟能详的重要表述依然居于显要位置。过去十年，这些经济发展理念和路线不仅让中国经济实力有了历史性跃升，也使全球从中受益。中共二十大报告指明，中国将沿着这一被实践证明的成功之路坚定不移走下去。

眼下，世界经济正位于十字路口。疫情余波还未退散，又遇逆全球化、单边主义、保护主义明显抬头，地缘政治紧张局势一再升级，产业链供应链出现多处梗阻。是继续"开门迎客",在最大范围内互通有无,还是"筑墙设垒",将多边贸易体制进一步推向分裂,各国对这个问题的答案很大程度上决定了全球经济未来几十年甚至更长时间的命运。二十大报告给出了中国的回答:坚持对外开放的基本国策,坚定奉行互利共赢的开放战略,坚持经济全球化正确方向。"稳步扩大规则、规制、管理、标准等制度型开放","加快建设贸易强国","维护多元稳定的国际经济格局和经贸关系"等一系列部署,则为中国开放决心提供了具体支撑和落脚点。作为全球140多个国家和地区的主要贸易伙伴,中国坚持高水平对外开放不仅将给其他国家带来新的广阔市场和海量机遇,助其早日走出低谷,更重要的是起到一种示范效应。

二十大将高质量发展列为全面建设社会主义现代化国家的首要任务,冀望走出一条能以尽可能小的投入换来尽可能多的产出,且能更好惠及全体民众,实现人与自然和谐共生的新路。这是一个相当高的目标和追求。一旦实现,不仅将为许多同样在探索发展道路的国家提供宝贵经验,在整个人类历史上都将记下浓墨重彩的一笔。

案例思政元素讨论分析

1、如何辩证看待中国经济增长奇迹?

2、社会主义制度有助于提高全要素生产率吗?为什么?

3、如何实现中国经济的高质量发展?

4、我国推进区域协调、城乡统筹的现实意义?

5、"二十大"为中国经济发展绘制了什么样的蓝图?

参考文献

1、陈晓玲等.宏观经济学课程思政案例集［M］.西南财经大学出版社,2021

2、不到10年,中国能源消费量已超越美国!同时也成为能源生产第一国［EB/OL］.新浪财经,2019.10.02

3、10年来我国单位GDP能耗年均下降3.3%［EB/OL］.新浪财经,2022.10.09

4、央媒盘点:"雾霾"一词最早从2004年开始使用,首现北京［EB/OL］.澎湃新闻,2016.12.18

5、蒋为."新常态"下的中国经济［EB/OL］.中国经济网,2014.8.12

6、陈彬.新常态下我国经济增长的动力将更为多元［EB/OL］.经济预测部,2016.6.28

7、张满银.宏观经济学:原理、案例与应用［M］.机械工业出版社,2018

8、生态环境部：我国已成为世界上空气质量改善最快的国家［EB/OL］.中新网，2022.9.15

9、刘俏.从四方面提高全要素生产率［EB/OL］.中国财经报，2021.1.5

10、夏晨翔.区域协调发展迈向更高质量更高水平［EB/OL］.中国经营网，2022.10.15

11、全面实施乡村振兴战略，习近平提出七个方面要求［EB/OL］.央广网，2021.1.8

12、坚定不移走高质量发展之路——新时代中国经济建设述评［EB/OL］.光明网，2022.8.23

13、中国经济如何构建"双循环"？［EB/OL］.中国新闻网，2022.10.15

14、中共二十大为世界经济变局扮演"常量"［EB/OL］.中国新闻网，2022.10.19

第八章　开放条件下的宏观经济

随着全球经济一体化趋势的加剧，一国经济越来越多地与其他国家经济紧密地联系在一起。世界经济瞬息万变，对中国经济和每个中国人的生活产生着广泛而直接的影响。

材料1　中美贸易摩擦

2018年下半年起，美国多次单方面挑起贸易争端，美国多次对中国商品发起加征关税措施。为遏制美国的"霸道行为"，中国对美国实施反制策略，对美国相关商品加征相应的关税，中美贸易交锋断断续续持续至今。中美贸易摩擦已升级至贸易、科技、金融、外交、地缘政治、国际舆论、国际规则等全领域。美方试图通过贸易战收取关税利益并让制造业回流美国，通过科技战遏制中国创新活力，通过金融战获得更多打击中国经济的手段，通过地缘战搞乱中国及周边和平稳定的发展环境，通过舆论战混淆是非欺骗世界人民。最根本也是最本质的是遏制中国崛起、维护美国霸权，这就是美方的底牌。

美国除了在关税上对中国商品加征关税外，美国对中国也多次发起贸易救济措施。贸易救济措施是贸易摩擦的其中一个最为典型的表现形式。据统计，2010-2020年，美国对中国共发起163起贸易救济原审立案。在这个时期，美国是对中国发起贸易救济原审立案最多的国家。2020年，美国对中国共发起22起贸易救济原审立案，美国是除印度外对中国发起贸易救济原审立案最多的国家。

美国对中国采取的贸易救济措施手段主要为反倾销、反补贴和保护措施，并未采用特殊保护措施。2010-2020年，反倾销和反补贴是美国对中国进行贸易救济采用最多的两大手段，两者占比分别高达51%和47%。2020年，美国对中国发起的主要贸易救济手段为反补贴和反倾销，两者涉及的案件数量分别为11起和10

起，占比分别为 50% 和 45%。

美国对中国采取的贸易救济措施涉及的行业很广泛。2010-2020年，美国对中国发起的贸易救济措施涉及的行业包括金属制品工业、化学原料和制品工业、钢铁工业等 18 个行业，其中中国金属制品工业涉及的次数最多，为 39 起。不过，2020 年美国对中国通用设备行业发起的贸易救济措施最多，为 8 起，占比达到 36%。这与中国通用设备行业企业的崛起有关，典型代表有华为、中兴通讯等。

另一方面，美国政府对中国企业采取"337 调查"、"301 调查"也不少见。"337 调查"是一种美国具有单边制裁性质的贸易保护主义手段。凡是被认定侵犯知识产权的产品，将被禁止进口到美国及销售。2019 年中国企业遭遇美国"337 调查"数量创历史新高，共为 27 起，占当年全部"337 调查"案件量的 57.45%。

"301 条款"是美国《1974 年贸易法》第 301 条的简称，被视为贸易外交的工具。这一条款规定，当美国贸易代表办公室确认某贸易伙伴的某项政策违反贸易协定，或被美国单方认定为不公平、不公正或不合理时，即可启动单边性、强制性的报复措施。2017 年 8 月，美国指责中国的相关做法损害了美国的知识产权、创新和技术的发展，因此对华发起了"301 调查"并采取了商品征收惩罚性关税措施。

相反，中国对美国发起的贸易救济措施较少。2010-2020年，中国对美国发起的贸易救济措施数量仅为 37 起，是美国对中国发起贸易救济数量的四分之一。从采取的贸易救济手段来看，中国主要对美国贸易不平等问题采取反倾销、反补贴和保护措施，其中反倾销手段占据了 2010-2020 年 78% 左右的比重。而贸易救济措施涉及的行业包括化学原料和制品工业、农产品、造纸工业等 8 个行业，其中化学原料和制品工业占据了半壁江山。

材料 2　进博会

中国国际进口博览会（China International Import Expo，缩写：CIIE），简称"进口博览会""进博会"等，由中华人民共和国商务部和上海市人民政府主办，中国国际进口博览局、国家会展中心（上海）承办，为世界上第一个以进口为主题的国家级展会。举办中国国际进口博览会由国家主席习近平亲自谋划、亲自提出、亲自部署、亲自推动，是中国着眼推进新一轮高水平对外开放作出的一项重大决策，是中国主动向世界开放市场的重大举措。

2018 年 11 月 5 日，首届中国国际进口博览会开幕。此次进博会交易采购成果按一年计，累计意向成交 578.3 亿美元。在 578.3 亿美元意向成交额中，智能及高端装备展区成交额最高，为 164.6 亿美元；其次是食品及农产品展区，成交 126.8

亿美元；汽车展区成交 119.9 亿美元；医疗器械及医药保健展区成交 57.6 亿美元；消费电子及家电展区成交 43.3 亿美元；服装服饰及日用消费品展区成交 33.7 亿美元；服务贸易展区成交 32.4 亿美元。此外，与"一带一路"沿线国家累计意向成交 47.2 亿美元。

2019 年 11 月 5 日，第二届中国国际进口博览会在上海举行。第二届进博会专业观众注册超过 50 万人，其中包括 7000 多位境外采购商，采购商国际化程度进一步提高；采购商专业性更强，其中，境内企业中来自制造业的占 32%，来自批发和零售业的占 25%。按一年计，累计意向成交 711.3 亿美元，比首届增长 23%。为期 3 天的供需对接会上，来自 103 个国家和地区的 1367 家参展商、3258 家采购商进行了多轮"一对一"洽谈，达成成交意向 2160 项。首次集中亮相进博会的非物质文化遗产和"中华老字号"展示活动积极展现中国传统文化特色，进一步促进中外文化交流。

2020 年 11 月 5 日，第三届中国国际进口博览会在中国上海举办。按一年计，第三届进博会累计意向成交 726.2 亿美元，比上届增长 2.1%。进博会期间，通过线下线上结合的方式，2000 多家参展商和采购商达成合作意向 861 项。该届进博会展示新产品、新技术、新服务 411 项。

2021 年 11 月 5 日，第四届中国国际进口博览会在上海举办。企业商业展共有来自 127 个国家和地区的 2900 多家企业参展；展览面积达到 36.6 万平方米，再创历史新高；展示新产品、新技术、新服务 422 项；按一年计意向成交金额 707.2 亿美元。

材料 3　中国的进出口

2021 年，中国外贸交出了一份亮眼的成绩单：

以美元计，2021 年中国进出口规模达 6.05 万亿美元，在 2013 年首次达到 4 万亿美元的 8 年后，年内跨过 5 万亿、6 万亿美元两大台阶，达到历史新高。全年外贸增量达 1.4 万亿美元。以人民币计，2021 年中国货物贸易进出口总值达 39.1 万亿元人民币，同比增长 21.4%。

与主要贸易伙伴进出口均实现稳定增长，对"一带一路"沿线国家进出口增速更快。2021 年，中国对"一带一路"沿线国家进出口增长 23.6%，比整体增速高 2.2 个百分点。

贸易方式进一步优化，一般贸易进出口占比超过六成。2021 年，中国一般贸易进出口 24.08 万亿元，增长 24.7%；加工贸易进出口 8.5 万亿元，增长 11.1%。

外贸经营主体活力有效激发，民营企业进出口更加活跃。2021 年，中国有进出口实绩企业 56.7 万家，增加 3.6 万家。其中，民营企业进出口 19 万亿元，增长 26.7%，占 48.6%，提升 2 个百分点。

机电产品出口、进口均保持良好增势。2021 年，中国出口机电产品 12.83 万亿元，增长 20.4%，占出口总值的 59%，其中自动数据处理设备及其零部件、手机、汽车分别增长 12.9%、9.3%、104.6%。同期，进口机电产品 7.37 万亿元，增长 12.2%，占进口总值的 42.4%，其中集成电路进口增长 15.4%。

2022 年前三季度，我国进出口总值 31.11 万亿元，比去年同期增长 9.9%。其中，出口 17.67 万亿元，增长 13.8%；进口 13.44 万亿元，增长 5.2%；贸易顺差 4.23 万亿元，扩大 53.7%。2022 年 9 月份，我国进出口总值 3.81 万亿元，增长 8.3%。其中，出口 2.19 万亿元，增长 10.7%；进口 1.62 万亿元，增长 5.2%；贸易顺差 5735.7 亿元，扩大 29.9%。

数据显示，2022 年前三季度我国外贸规模持续增长的同时，结构也实现了优化提升，一般贸易进出口两位数增长、比重提升。前三季度，我国一般贸易进出口 19.92 万亿元，增长 13.7%，占我国外贸总值的 64%，比去年同期提升 2.1 个百分点。同期，加工贸易进出口 6.27 万亿元，增长 3.4%。此外，我国以保税物流方式进出口 3.83 万亿元，增长 9.2%。

对东盟、欧盟和美国等主要贸易伙伴进出口增长。东盟继续保持我国第一大贸易伙伴地位。前三季度，我国与东盟贸易总值为 4.7 万亿元，增长 15.2%。欧盟、美国、韩国分别为我国第二至第四大贸易伙伴，贸易总值同比增速分别为 9%、8%、7.1%。同期，我国对"一带一路"沿线国家合计进出口 10.04 万亿元，增长 20.7%。

民营企业作为外贸主要市场主体，前三季度进出口快速增长、比重提升。前三季度，民营企业进出口 15.62 万亿元，增长 14.5%，占我国外贸总值的 50.2%，比去年同期提升 2 个百分点。同期，外商投资企业进出口 10.42 万亿元，增长 2%，占我国外贸总值的 33.5%。国有企业进出口 5.02 万亿元，增长 15.1%，占我国外贸总值的 16.1%。

此前，中国贸促会发布《第三季度外贸形势调研报告》显示，45.1% 的外贸企业表示三季度外贸发展信心逐步恢复；30.31% 的外贸企业预计全年贸易额能够实现同比增长，较二季度上升 4.09 个百分点。

材料 4 "一带一路"助推全球贸易

统计数据显示，自"一带一路"倡议提出以来，中国与"一带一路"沿线国家的贸易发展提速，中国与沿线国家间的进出口总值从 2013 年的 6.46 万亿元增长至 2021 年的 11.6 万亿元，年均增长 7.5%。即使面对新冠肺炎疫情的冲击，中国与"一带一路"沿线国家间的贸易仍维持了增长势头。在全球商品贸易额下降的情况下，2021 年中国与沿线国家贸易额同比增长 23.6%，2021 年中欧班列全年开行 1.5 万列、同比增长 22%，发送 146 万标箱、同比增长 29%。与此同时，中国对部分沿线国家进出口实现快速增长。2021 年第一季度，对越南、泰国、印度尼西亚的进出口分别增长 37.8%、28.7% 和 32.2%，对波兰、土耳其、以色列、乌克兰分别增长 48.4%、37.3%、29.5% 和 41.7%。这显示出共建"一带一路"为促进区域经贸合作提供了强劲动能。

联合国贸易和发展会议（以下简称"联合国贸发会议"）2019 年底发布的《2019 年海运报告》积极认可"一带一路"对全球贸易的推动作用。联合国贸发会议技术和物流司司长莎米卡·西里曼纳认为，"一带一路"倡议为相关国家带来更多贸易机会，可以部分抵消贸易保护主义的消极影响，促进共同发展，推动全球贸易繁荣。英国经济学家科林·斯皮克曼分析提出，"一带一路"倡议可以帮助亚洲国家获得基础设施建设投资，与其他地区建立联系。此外，"一带一路"倡议不仅能够促进国际贸易和运输发展，而且能够提升亚洲地区在商品、资本、人员、知识、文化、资源等要素全球跨境流动中的重要性。

共建"一带一路"为促进贸易增长和创新发展作出了重要贡献。

首先，通过共建"一带一路"，改善相关基础设施，可以降低贸易成本。国际贸易往往需要以海陆空等方式将商品送达，在运输成本因素的影响下，海运或陆运是国际贸易主要运输方式。世界银行宏观经济、贸易和投资全球实践局首席经济学家米歇尔·鲁塔等人认为，跨境贸易往往需要在节省时间和节省成本之间做选择。从货物运出工厂大门到抵达消费者手中，每延迟一天，就会使贸易量减少约 1%。"一带一路"建设中对交通基础设施等的大规模投资，消除了交通运输瓶颈，提升了跨境物流便捷度。荷兰 ING 集团 2018 年 6 月发布的《"一带一路"的贸易影响》报告指出，"一带一路"相关道路建设项目加强了各国间的交通联系，尤其能促进一些保质期较短的产品在中欧间通过铁路运输，这会显著降低成本、推动全球贸易增长、提高贸易效率。世界银行 2019 年发布的研究报告显示，共建"一带一路"有效增进了互联互通，可使全球贸易成本降低 1.1%—2.2%，使中国—中亚—西亚经济走廊上的贸易成本降低 10.2%，也为全球贸易便利化和经济增长作出了贡献。世界银行 2020 年发布题为《从"陆锁国"到"陆联国"——解锁中老铁路联通性的潜力》的报告认为，中老铁路不仅能够大幅降低昆明和万象之间的铁路物流成本，而且能够缩短从中国川渝地区到印度尼西亚首都雅加达的物流时间，大幅降低运输成本。

其次，促进市场开放和消除贸易障碍。贸易便利化对实现贸易效益至关重要。

英国皇家国际事务研究所研究员约翰·坎普夫纳认为，如果全球供应链壁垒的削减能够达到最佳实践水平的一半，将促使全球贸易量增加14.5%，全球GDP增长4.7%，远超取消所有关税能带来的收益，可在很长一段时间内对国际贸易产生影响。世界银行2019年发布题为《"一带一路"经济学：交通走廊的机遇与风险》的报告认为，南亚、中亚地区2012年的关税率平均为14.05%与7%，远高于经济合作与发展组织成员同期平均关税率（4.97%），政策壁垒使得区域分割和要素流动面临障碍，改善进出口和关税制度可以促进相关国家贸易和经济增长。在共建"一带一路"过程中，中国与沿线国家通过签署避免双重征税协议等文件，共同建立贸易救济合作机制，设立贸易畅通工作组和贸易促进机构，设立"一带一路"海关信息交换和共享平台，使用标准化运输托运票据等措施，消除贸易壁垒，促进了彼此间的贸易和投资合作。美国乔治·华盛顿大学经济学和国际事务教授陈晓阳认为，"一带一路"建设包括完善相关法律法规、优化营商环境、加快提升通关便利化水平等软性基础设施建设，对于促进沿线国家经贸繁荣大有裨益。

再次，激发贸易动能和拓展贸易机会。新加坡国立大学东亚研究所所长郝福满强调，"一带一路"带来的互联互通对全球贸易、就业和经济发展具有重要推动作用。"一带一路"建设有助于挖掘阿富汗、尼泊尔、不丹等沿线国家的贸易潜力，使之进一步融入全球经济。中国批准从中亚国家进口越来越多的商品，激发了中亚国家的贸易潜能。而"数字丝路"和"健康丝路"建设，在支持"一带一路"沿线国家抗疫和发展公共卫生事业的同时，也促进跨境运输和电子商务繁荣。

最后，提升贸易质量和效益。通常，两个经济体间的单项贸易流量与其各自的经济规模成正比，与其相互间的距离成反比。东盟东亚经济研究中心发布的研究报告表明，"一带一路"建设改善了交通运输条件，提高了货物运输便捷度和效率，提升了贸易效益。通过高质量共建"一带一路"，东道国可以引入先进技术和改进现有技术，建设合作产业园区和高新技术园区等，提升商品和服务贸易创新水平以及劳动者技能、改善产业结构，增加其商品与服务出口附加值。通过共建"一带一路"、改善基础设施、减少供应链壁垒等，预计可使东盟各国在2021—2030年间的经济增长累计提高31.19%。

材料5　中国的国际直接投资（FDI）

2020年，中国FDI流量达1,630亿美元，超出2019年200多亿，为本世纪最高值，并且首次超越美国。虽然这是新冠疫情冲击下的偶发性事件，但至少可以说明，中美贸易冲突对全球产业链的影响随处可见，除了在数据里。

全球化是一个多维度和多层次嵌套式的动力系统，双边或多边协定搭建了制度框架，主权国家、国际多边组织和跨国公司是规则制定者。资本、技术和劳动等生产要素，以及商品与服务的流动是全球化的主要内容。从国际收支账户来看，商品与服务流动和资本流动是一体两面的关系。生产要素的流动会重塑国家的比较优势。由于技术和劳动往往是附着于资本之上的，跨境直接投资的分布是观察"权力转移"的重要前瞻指标。中国崛起部分是因为顺势而为才看起来自然而然，其"势"之一就在于全球化所带来的产业资本的转移，以及内嵌于产业资本中的技术和知识的转移。

全球跨境直接投资的版图

二战后，全球跨境资本流动格局可被划分为三个阶段（图1与图2）。第一阶段，1945-1973年为布雷顿森林体系1.0时期，政经格局为两极对立，彼此孤立，西方阵营内部实行金汇兑本位+固定汇率+自由贸易+资本管制的组合制度，跨境资本流动规模较小，与贸易的波动基本一致，且主要发生在西方阵营。1960年，99%的FDI流向了发达国家。

第二阶段为布雷顿森林体系2.0时代，成型于80年代初期，此前为过渡阶段。本阶段的特征是：美元本位+浮动汇率+自由贸易+金融自由化。全球分工的特点是横向和纵向一体化并重，且后者居于主导地位，这使得价值链贸易逐渐成为主导形式。而这又是伴随着跨境直接投资的兴起而形成的。在一系列金融自由化改革措施的刺激和信息通信技术的支持下，80年代开始，跨境直接投资规模快速膨胀，规模和增速都数倍于贸易。并且，不再局限于发达国家。1991年苏联解体和2001年中国加入WTO是两个重要节点，2008年金融危机前夕达到高光时刻。

第三阶段始于2008年金融危机，政策制定者和学术界开始重新思考全球化的意义。全球FDI流量虽然在2015年创下新高，但其相对于GDP的比重却在下降。在特朗普担任美国总统时期，逆全球化思潮愈演愈烈，全球跨境资本流动，尤其是中美之间的金融往来再度收缩。拜登上台会重塑美国外交关系，但难改世界经济三足鼎立格局。中国作为世界体系的一极和亚洲价值链中心国的地位还会进一步强化。

从流量上来说，在FDI的分配上，发达经济体与发展中经济体（以及转型经济体）基本呈现出"五分天下"的格局。2019年，全球FDI规模1.5万亿美元，发达国家占比52%，近10年平均54%。OFDI方面，发达国家仍占主导地位，2019年占比70%，近十年平均68%。从存量上看，2019年底，全球FDI存量为36万亿美元，发达经济体占24万亿，占比67%。OFDI存量为35万亿，发达国家26万亿，占比76%。比较而言，发达经济体在扮演资金供给者的角色中更为重要。

直接投资的形式包含绿地投资（greenfield）和跨国并购（M&A）。2008年之前，两者案例数量和金融上大致等同，此后，两者在数量上出现分化，绿地投资数量屡创新高，跨国并购数量基本位于2007年以下水平，但两者在金额上并未呈现出分化态势。分行业来看，跨国并购方面，服务业案例数更高，约为制造业的4倍，其中，金融业约占服务业的一半。服务业与制造业在跨国并购金额的差距上相对较小。2008年前服务业一直高于制造业，此后两者基本等价。绿地投资方面，制造业与服务业在案例数量和发生金额方面均持平。投资类型与行业分布在双边投资的结构性不平衡会更明显。

企业跨国经营的收益和风险是并存的。东道国市场规模、准入条件、资源禀赋和配套基础设施等是重要的考量因素。70、80年代以来跨国公司的兴起和直接投资的扩张受金融自由化政策的直接驱动，但从跨国公司的微观视角看，更有助于理解其背后的动力机制。根据邓宁的"折衷理论"，当满足如下三个条件时，企业将进行跨国生产：第一，必须具备其它国内竞争企业不具备的特定所有权优势；第二，这些优势必须能够被企业自己开发利用而不是出售或出租给其他企业，即企业能够将产权优势内部化；第三，必须有一些区位性因素使企业只能在东道国进行生产才能获得更高收益，不仅包括要素禀赋，如劳动力、自然资源等，也包括市场规模等。中国吸引外资的优势主要在于市场容量和廉价劳动力，中国企业走出去看重的则是自然资源和技术。当然，一方面，一国的比较优势是不断变化的，劳动力数量和价格曾经是中国的比较优势，但现在对跨国公司最具吸引力的市场规模。因为，与发达国家相比，中国劳动力成本虽然仍在低位，但劳动生产率也比较低。另一方面，企业走出去的目标也随经济发展阶段和产业（或产品）生命周期而变化。

材料6 "过冬八件套"

欧洲人能否温暖过冬，现在由中国说了算。俄乌冲突，欧洲能源供应紧张，加上20年来最冷的冬天将要席卷欧洲，现在的欧洲人如果能抢到中国过冬八件套，这个冬天就稳了。近几年，一些西方国家对中国的出口商品增加关税，怕中国制造在西方搞垄断，赚他们的钱，可如今这些西方国家却又在疯抢中国商品，甚至还不一定能买得到，这真是一种极大的讽刺。

中国产的秋衣，秋裤，保暖内衣，法兰绒睡衣，光腿丝袜，热水袋，暖手宝，羽绒服和电热毯被称为过冬八件套，如今在欧洲最抢手的商品。根据相关数据显示，2022年十月至今，中国产秋衣，秋裤，保暖内衣在欧洲主要国家的销量基本都是增长三倍以上。中国产的光腿丝袜，香料环比上月增长131%。荷兰，德国，法国的女性都相当喜欢这种中国制造的神奇的丝袜。20年前几乎每个中国家庭都必备的热水袋，如今在欧洲也是火得一塌糊涂。销量环比上月暴涨300%，暖手宝的销量更是环比暴涨了447%。就连法国总统马克龙在最近的视频演讲中，也一改往日西装衬衫的形象，而是穿上了中国产的高领毛衣。据称，中国的高领毛衣现在甚至成为了法国政坛的新时尚。原本在欧洲售价20欧元一条的电热毯，如今已经涨至50欧元一条，欧洲人都在抢购，中国这边的工厂只只能加班加点的24小时生产。欧洲的一些年轻人也在网络上掀起了一股感谢电热毯的浪潮，感谢中国商品温暖了他们的冬天。

在全球经济一体化的今天，一些国家排挤中国的行为是多么的荒谬，一个过冬八件套就让他们自惭形秽。

材料7 绿色贸易壁垒

绿色贸易壁垒是指在国际贸易活动中，进口国以保护自然资源、生态环境和人类健康为由而制定的一系列限制进口的措施。中国的国际贸易问题专家对此的定义是："绿色壁垒是指那些为了保护环境而直接或间接采取的限制甚至禁止贸易的措施。主要包括国际和区域性的环保公约、国别环保法规和标准、ISO14000环境管理体系和环境标志等自愿性措施、生产和加工方法及环境成本内在化要求等分系统。"

我国工业领域取得的辉煌成就对发达国家造成了巨大的冲击。2012—2020年，我国工业增加值从20.9万亿元增长到31.3万亿元，其中制造业增加值从16.98万亿元增长到26.6万亿元，占全球比重从22.5%提高到近30%，连续11年保持世界第一制造大国地位。在世界500种主要工业品中，超过四成的产品产量位居世界第一。

随着我国工业经济在国际社会的竞争力逐步增强，发达经济体希望以绿色贸易壁垒的形式形成对我国工业经济的比较优势。从"十五"到"十四五"工业规划中关于外部形势的分析可以看出，绿色经济正成为全球经济发展的新潮流，也将成为我国未来工业经济升级突破点。

早在"十五"期间，《"十五"工业结构调整规划纲要》关于外部形势的判断中已经明确提出加入世贸后我国工业相关领域将遇到更为激烈的竞争。"十二五"期间，《工业节能"十二五"规划》也明确提出，国际社会应对气候变化博弈日趋激烈，绿色贸易壁垒正在加速形成，一些发达国家对出口国产品的能效水平和碳足迹提出更高要求。我国制造业总体上处于产业价值链中低端，产品资源能源消耗高，出口将面临巨大压力。全球范围内发展绿色经济、倡导低碳生活越来越受到重视并逐渐成为新趋势，大力发展节能环保低碳产业，成为抢占未来发展制高点的核心价值观。"十三五"期间,《工业绿色发展规划(2016-2020年)》在面临的形势中指出,资源与环境问题是人类面临的共同挑战,推动绿色增长、实施绿色新政是全球主要经济体的共同选择,资源能源利用效率也成为衡量国家制造业竞争力的重要因素,推进绿色发展是提升国际竞争力的必然途径。

《"十四五"规划》在发展环境的分析中进一步意识到绿色贸易壁垒正成为威胁我国工业经济发展的重要因素。绿色低碳发展是当今时代科技革命和产业变革的方向,绿色经济已成为全球产业竞争重点。文中指出,一些发达经济体正在谋划或推行碳边境调节机制等绿色贸易制度,提高技术要求,实施优惠贷款、补贴关税等鼓励政策,对经贸合作和产业竞争提出新的挑战,增加了我国绿色低碳转型的成本和难度。

材料8 人类命运共同体

人类命运共同体,即在追求本国利益时兼顾他国合理关切,在谋求本国发展中促进各国共同发展。人类只有一个地球,各国共处一个世界,要倡导"人类命运共同体"意识。这一全球价值观也包含相互依存的国际权力观、共同利益观、可持续发展观和全球治理观。2011年《中国的和平发展》白皮书提出,要以"命运共同体"的新视角,寻求人类共同利益和共同价值的新内涵。2012年,习近平就任中共中央总书记后首次会见外国人士就表示,国际社会日益成为一个你中有我、我中有你的"命运共同体",面对世界经济的复杂形势和全球性问题,任何国家都不可能独善其身。2017年2月10日,联合国社会发展委员会第55届会议协商一致通过"非洲发展新伙伴关系的社会层面"决议,"构建人类命运共同体"理念首次被写入联合国决议中。2017年10月18日,习近平同志在十九大报告中提出,坚持和平发展道路,推动构建人类命运共同体。中国共产党始终把为人类作出新的更大的贡献作为自己的使命。中国将高举和平、发展、合作、共赢的旗帜,恪守维护世界和平、促进共同发展的外交政策宗旨,坚定不移在和平共处五项原则基础上发展同各国的友好合作,推动建设相互尊重、公平正义、合作共赢的新型国际关系。

在构建人类命运共同体光辉旗帜引领下,中国与世界各国携手努力,在推动世界和平发展与人类进步的共同事业中,不断把先进的思想理念转化为磅礴的实践伟力。

坚持对话协商,建设一个持久和平的世界。习近平总书记指出,中国走和平发展道路,不是权宜之计,更不是外交辞令,而是从历史、现实、未来的客观判断中得出的结论,是思想自信和实践自觉的有机统一。中国是世界上唯一一个将

"坚持和平发展道路"写入宪法的国家，致力于建设一个持久和平的世界。中国坚持在和平共处五项原则基础上同各国发展友好合作，推动构建新型国际关系，深化拓展平等、开放、合作的全球伙伴关系，致力于扩大同各国利益的汇合点。中国高举和平、发展、合作、共赢旗帜，同世界上110多个国家和地区组织建立伙伴关系，形成遍布全球的"朋友圈"，开辟了对话而不对抗、结伴而不结盟的国与国交往新路。

坚持共建共享，建设一个普遍安全的世界。面对国际和地区热点问题，中国积极推动创立阿富汗邻国协调合作机制，提出解决巴勒斯坦问题的四点主张、促进中东和平稳定五点倡议，积极推动伊核全面协议恢复履约谈判，积极推进半岛问题的政治解决进程。中国方案秉持公道正义，倡导以对话增互信、以对话解纷争、以对话促安全，为世界和平稳定增加希望。面对新冠肺炎疫情，中国积极深化抗疫国际合作、携手各国筑牢防控屏障，助力弥合"免疫鸿沟"，为推动构建人类卫生健康共同体贡献中国力量。针对百年变局和世纪疫情相互交织、各种传统和非传统安全威胁层出不穷的挑战，习近平总书记提出全球安全倡议，明确擘画了各国实现共同安全的行动路线图，为世界指出了一条新型安全之路。

坚持合作共赢，建设一个共同繁荣的世界。中国坚持在与世界各国良性互动、互利共赢中擘画与推进自身发展，将自身发展经验和机遇同世界各国分享，与各国携手建设共同繁荣的世界。2013年，习近平总书记统筹国内国际两个大局，提出共建"一带一路"倡议。近10年来，共建"一带一路"从倡议变为现实，从"大写意"步入"工笔画"，成为推动构建人类命运共同体的重要实践平台。面对全球经济脆弱复苏、减贫成果受到侵蚀、南北鸿沟不断拉大等诸多难题，习近平总书记提出全球发展倡议，为各国发展和国际发展合作贡献中国方案，以中国的新发展为世界提供新机遇。这一倡议已得到100多个国家和联合国等国际组织的响应和支持，60多个国家加入"全球发展倡议之友小组"，成为团结协作、共谋发展的重要力量。

坚持交流互鉴，建设一个开放包容的世界。习近平总书记指出，不同国家、不同文明要在彼此尊重中共同发展、在求同存异中合作共赢。中国不断加强同各国的文明交流互鉴，创立亚洲文明对话大会、举办中国共产党与世界政党领导人峰会，不遗余力促进世界各国文明开展平等对话、交流互鉴，共同推动人类文明发展进步。习近平总书记站在全人类共同利益高度，提出坚守和弘扬和平、发展、公平、正义、民主、自由的全人类共同价值，为推动构建人类命运共同体提供了价值支撑，为人类文明朝着正确方向发展注入了强大精神动力。全人类共同价值凝聚了人类不同文明的价值共识，画出了世界各国人民普遍认同的价值理念的最大同心圆，超越了意识形态、社会制度和发展水平差异，揭示了构建人类命运共同体理念深邃的价值内涵，为建设开放包容的世界提供了价值基石。

坚持绿色低碳，建设一个清洁美丽的世界。党的十八大以来，习近平总书记提出的绿色发展理念深刻改变了中国，也为世界可持续发展提供了中国方案、中国智慧和中国力量。面对全球气候变化，中国坚定走生态优先、绿色低碳发展道路，宣布富有雄心的"双碳"目标，推动落实《巴黎协定》，为推动世界经济社会绿色发展指明了方向，展现中国负责任大国担当。习近平总书记提出人与自然生命共同体理念，强调坚持人与自然和谐共生，坚持绿色发展，坚持系统治理，坚持以人为本，坚持多边主义，坚持共同但有区别的责任原则，指明了各国携手应对挑战、打造清洁美丽世界的实践路径与合作之道。

案例思政元素讨论分析

1、当今世界正经历百年未有的大变局，我国正处于实现中华民族伟大复兴的关键时期，如何应对种种矛盾和风险，才能实现我们的奋斗目标呢？

2、国家与国家之间如何构建合作共赢的新型国际关系呢？

3、中国倡导"人类命运共同体"理念，在经济全球化的当代社会，有什么特殊意义？

4、中国如何才能最大限度地突破贸易保护主义的制约呢？

参考文献

1、解读中美贸易战：从历史中寻求中美关系僵化的本质、影响和展望 ［EB/OL］.海拔新观察，2021.4.26

2、一文带你了解近年中美贸易摩擦 ［EB/OL］.搜狐网，2021.3.30

3、2021年，中国货物贸易进出口总值同比增长21.4%——外贸规模再创新高 ［EB/OL］.人民日报海外版，2022.1.15

4、前三季度我国进出口总值增长9.9% 外贸企业信心预期明显增强 ［EB/OL］.经济日报，2022.10.25

5、高质量共建一带一路促进全球贸易繁荣 ［EB/OL］.光明网，2022.2.19

6、中国FDI取代美国成全球第一，如何理解其中的"权力转移"？［EB/OL］.新浪财经，2021.1.26

7、中国过冬八件套，席卷欧洲 ［EB/OL］.网易，2022.11.3

8、应对绿色贸易壁垒，以降碳为抓手提升我国工业竞争力——从背景和目标视角解读《"十四五"工业绿色发展规划》［EB/OL］.澎湃新闻，2021.12.15

9、推动构建人类命运共同体 ［EB/OL］.爱思想，2022.11.3